天下文化

BELIEVE IN READING

A｜陳時中 1971 年考上台北醫學院牙醫系，未能考上心中理想的科系，倍感挫折，六年修業期間渾噩度日，直到好友當頭棒喝，才認真反省自己對人生的態度，積極考上牙醫執照。照片為 1973 年大三時，與解剖實驗課之同組同學。｜賴弘明提供｜

A

B、C｜四十多年前當兵時，軍中老兵講了一個「帶兵要帶心」的故事，陳時中一直沒忘記這件往事。如今抗疫如作戰，賞罰分明、軍令如山固然重要，但對他來說，更重要的是：大家能在這個考驗中「同心」。｜賴弘明提供｜

D｜陳時中夫婦抱著次子。妻子孫琬玲是這一路上支持他最重要的力量。｜陳彥安提供｜

D	B
	C

E｜陳時中總是在工作或開會，但不管再忙，每天早上還是會親自送兩個兒子去上學。｜陳彥安提供｜

F｜陳時中的母親楊瑞豊是個萬能媽媽，對丈夫與孩子的照顧無微不至，充分體現了平凡中的偉大。｜陳彥安提供｜

F E

雨農國小口腔保健研習
主講人：台北市牙醫師公會醫師

G｜做為牙醫師，陳時中致力於灌輸民眾正確潔牙觀念，且要從小扎根。照片為他於 1992 年度「學校口腔保健系列講習」擔任主講人（台北市雨農國小）。｜衛福部提供｜

H｜陳時中參加公會，希望借助群體的力量，改善牙醫界的生態，提升牙醫專業形象。照片為他於 1993 年 2 月台北市牙醫師公會理事長就職典禮。｜衛福部提供｜

I｜教育小學生正確的潔牙觀念，是向下扎根的重要工作。照片為 1994 年 5 月第二屆台北市國小學童潔牙決賽。｜衛福部提供｜

I	G
	H

L J
K

J｜1995 年 7 月召開「牙醫診所經營與管理」研討會，討論牙醫診所在愛滋病感染控制的議題。愛滋病與 COVID-19 都有潛伏期，面對這兩種疾病，「全面防護」就是最有效的預防。牙科感控的經驗，成為 2020 年防疫的寶貴經驗。｜衛福部提供｜

K｜陳時中開醫界之先，推動全民健康保險牙醫總額制。照片為 1995 年 5 月全民健保作業流程講習會——牙醫總額解析。｜衛福部提供｜

L｜2017 年初，陳時中入閣，擔任衛福部部長。小英總統上任後，因中國阻撓，台灣無法參與 WHA。但陳時中仍前往日內瓦，在場外爭取國際能見度，向世界宣告「Health for All - Taiwan Can Help!」｜衛福部提供｜

M ｜ 2020 年初 COVID-19 疫情爆發後，防疫團隊每天下午兩點召開記者會，公開對全體國民說明疫情進展、疫調進度與政府相關決策。左起為指揮中心發言人莊人祥、台大副校長張上淳、指揮官陳時中、副指揮官陳宗彥、疾管署署長周志浩。｜衛福部提供｜

N ｜陳時中部長深夜到檢疫所慰勉工作人員辛勞。｜衛福部提供｜

O ｜陳時中部長深夜到負壓隔離病房外，看到「鑽石公主號」最後一個返台國人進病房才離開。｜衛福部提供｜

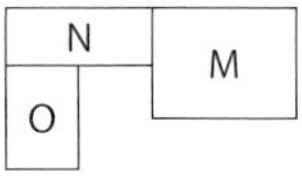

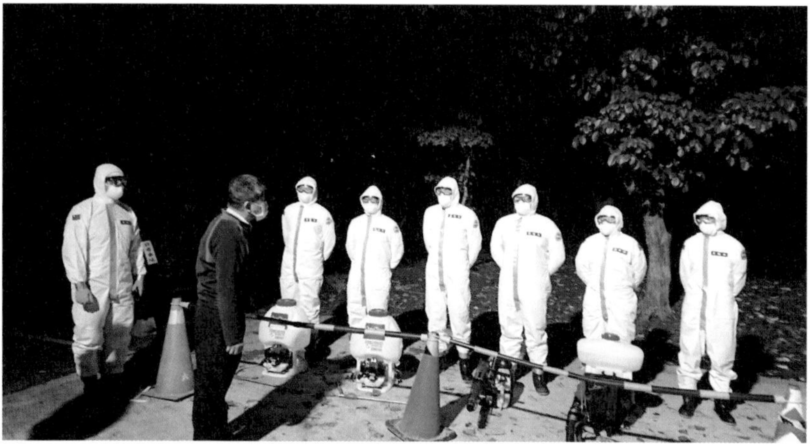

P｜陳時中部長登上「寶瓶星號」，向船上國人宣布：「大家可以回家了！」｜衛福部提供｜

Q｜陳時中部長凌晨到機場迎接慰勉前往武漢機場出任務的同仁，並說大家臉上留下的口罩痕跡是「光榮的印記」。｜衛福部提供｜

R｜第三次武漢台商專機返台。｜衛福部提供｜

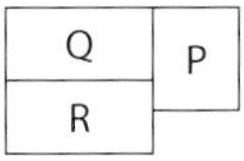

AIRLINES

指揮
Y 檢疫所
RN

S.C.CHEN
0

S ｜疫情中，全球首場開放民眾入場的職業棒球賽。｜衛福部提供｜

T ｜ 2020 年 8 月，美國衛生部長阿札爾（Alex Azar）訪台，簽署「AIT-TECRO 衛生合作備忘錄」。｜衛福部提供｜

T	S

U｜從牙醫師到部長，陳時中秉持「先利他，才會利己」的信念，堅持公平、弱勢優先的初衷，視人民福祉重於一切，將維護全民健康做為終身使命。｜攝影／張智傑｜

U

溫暖的
魄力

陳時中的從醫初心

陳時中——著　李翠卿 採訪整理

BGB503

目錄

Contents

第一部　生命探索

第二部　從醫初心

第三部　邁向公職

第四部　世界之疫

第五部　持續改革

出版者的話

為歷史留下紀錄，為未來接受檢驗

高希均　遠見．天下文化事業群創辦人

一個時代的歷史，是由一些革命家、思想家、政治人物及追隨者與反對者，以血、淚、汗所共同塑造的。其中有國家命運的顛簸起伏，有社會結構的解體與重建，有經濟的停滯與飛騰，更有人間的悲歡與離合。

百年來我們中國人的歷史，正就徘徊在絕望與希望之中，毀滅與重生之中，失敗與成功之中。沒有歷史，哪有家國？只有失敗的歷史，何來家國？

歷史是一本舊帳。但讀史的積極動機，不是在算舊帳；而是在擷取教訓，避免悲劇的重演。

歷史更可以是一本希望之帳，記錄這一代中國人半世紀來在台灣的奮鬥與成就，鼓舞下一代，以民族自尊與驕傲，在二十一世紀開拓一個中國人的天下！

以傳播進步觀念為己任的「天下文化」，自一九八二年以來，先後出版了實際參與改變中國命運與台灣發展重要人士的相關著作。這些人士都是廣義的英雄，他們或有英雄的志業、或有英雄的功績、或有英雄的失落。在發表的文集、傳記、回憶錄中，這些黨國元老、軍事將領、政治人物、企業家、專家學者，以歷史的見證，細述他們的經歷軌跡與成敗得失。

就他們所撰述的，我們尊重；如果因此引起的爭論，我們同樣尊重。我們的態度是：以專業水準出版他們的著述，不以自己的價值判斷來評論對錯。

在翻騰的歷史長河中，蓋棺也已無法論定，誰也難以掌握最後的真理。我們所希望的是，每一位人物寫下他們的經歷、觀察，甚至後見之明。他們的貢獻，是為歷史留下紀錄；他們的挑戰，是為未來接受檢驗。

推薦序

鋼鐵部長的俠骨仁心

蔡英文　中華民國總統

從二〇二〇年一月至今，中央流行疫情指揮中心成立已滿兩年，台灣也歷經疫情三級警戒，克服了一波又一波的考驗。

還記得在二〇二〇年五月十九日，在面對第二任期的新挑戰之前，我特別到疫情指揮中心走一趟，也去看阿中部長在指揮中心的辦公室。

走進去就看到擺滿角落的卡片和花束，都是各地民眾寄來加油打氣，還有特別叮嚀要記得吃飯、抽空睡覺等等溫暖慰問，也看到角落的旁邊，擺著一張簡單的綠色行軍床。

這兩年多來，被稱為「鋼鐵部長」的阿中部長，坐鎮最前線，沒有太多休息的機會，為台灣緊盯著國內外疫情動態。往往我在半夜接到的緊急電話，就是阿中部長打來的。

我也還記得，那天離開指揮中心前，阿中部長跟我說：「同仁們都很努力，再加上全民團結合作，我們共同守住這次疫情。」說完一邊點頭，一邊露出笑容。

這樣的「點頭與微笑」，我已經看過無數次，不僅令人安心，也把記憶拉回十多年以前。

我和阿中部長認識很久了，早在民進黨第一次執政，我們就曾一起在政府共事。當時他是衛生署副署長，我是行政院副院長，雖然各自擅長的領域不同，偶爾見面還是會一起討論研究政策。

二〇〇八年後，我們各自回歸民間。令我最佩服的是，阿中部長不論有無擔任公職，都積極投身公共事務，從牙醫體制改革到全民潔牙運動，都有他默默投入的身影。

後來我擔任民進黨主席，多次針對醫療公衛議題向他請益，也力邀他共同撰寫《醫療政策白皮書》。阿中部長當時早在醫界很有名望，我還記得他常說，決策除了要考慮民意和利害關係，也不能忽視核心價值，才能長久與良善。

在二〇一七年初，阿中部長因其專業與經驗受邀入閣，扛起帶領衛福部的重任。這些年來，台灣經歷許多難關，疫情更是執政團隊的一大挑戰。事實也證明，我們沒有看錯人。

衛福部業管範圍相當廣，攸關全民生老病死，許多政策趨近於「不可能的任務」，阿中部長總是臨危受命，竭盡全力完成。

台灣已邁入高齡社會，長照2.0緊鑼密鼓在各縣市鄉鎮推動。在剛上路的初期，我下鄉走訪宮廟，偶爾會問當地鄉親：「有聽過長照2.0嘸？」台下多半一片靜默。現在我還沒開口問，鄉親們就主動豎起大拇指跟我誇讚，說長照是好政策，幫大家減輕了很多負擔。

在阿中部長努力不懈之下，長照總經費增加，服務對象擴大，服務項目也變多。我交付給他「一國中學區一日照」任務，也穩定前進，建構出普及優質的長照服務。

阿中部長除了堅持專業，也富有社會關懷。近年衛福部積極強化社會安全網，將原本分流在各單位的資訊整合起來，不僅能防患未然，也更加主動出擊，盡可能避免憾事發生。

疫情期間，指揮中心更肩負著全民健康安全的重責大任。從這本書，我們可以看到阿中部長過去這段時間以來的心路歷程，也可以看到，他始終堅持公平、弱勢優先的理念初衷。

這本書不只深刻描寫阿中部長的出生家庭、成長環境、投身醫界與出任公職等過程，也能從中看到台灣醫療及公衛領域的發展縮影。

我要推薦這本書給每一位關心、熱愛台灣的朋友。相信當你們閱讀每個篇章時，將宛如置身指揮中心記者會，聽著陳指揮官在台上娓娓道來，並再一次感受到台灣的團結與努力。

推薦序

台灣，需要更多的「陳時中」

賴清德　中華民國副總統

一場百年大疫，不僅威脅全人類的健康與生命，改變人類的生活模式，也加速、加大全球產業面貌轉變和供應鏈的重組，並掀起新一波的全球國力競爭。提筆寫序的此刻，疫苗已在台灣及世界各地普遍施打，但因為Omicron變種病毒肆虐，大部分國家依然對疫情危機保持高度警戒。

兩年多來，台灣雖然無法自外於疫情危機，但相對於大多數國家而言，確實彷彿平行世界。《日經亞洲》在二〇二二年二月四日發布「COVID-19復甦指數」，在一百二十二個國家中，我國排名第一，再次證明兼顧防疫與經濟的台灣模式，對於提升國家的防疫韌性大有助益。

做為亂世中的福地，許多人在探討台灣防疫成功的因素時，大抵都會提到二〇〇三年SARS的慘痛教訓，讓台灣經歷十九年整備；也都指出政府團隊在蔡總統的指示下，超前部署、謹慎行動、快速回應，加上台灣人民積極配合政府防疫措施，才讓台灣防疫獲得舉世肯定。

換句話說，台灣防疫成功，是許多因素綜合累積的成果。但如果提到人，我相信大家第一時間都會想到中央流行疫情指揮中心指揮官「阿中部長」——陳時中。

陳時中部長，領導疫情指揮中心兩年多來，領導有方、表現傑出，即使期間曾面臨鑽石公主號、寶瓶星號、敦睦艦隊群聚、長照機構護理師染疫及去年五月本土社區疫情等重大危機，但在阿中部長秉持醫師專業與臨危不亂的指揮下，每次總能發揮高度智慧，以高效率的決策模式，化險為夷，完成許多不可能的任務。

陳部長在出任衛福部部長之前，不僅是優秀的牙醫師，當年他為了扭轉牙醫業的亂象，加入牙醫師公會，藉群體的力量，推動牙醫界的改革，讓民眾的口腔健康獲得更多的保障。尤其他提出病人優先、品質優先，以及弱勢優先的主張，把「先利他，才會利己」的觀念發揮到淋漓盡致，直到現在，依然秉持這個信念。

陳時中最讓人佩服的地方是，在眾聲喧譁下，總是不厭其煩的溝通、溝通、再溝通，不但成功推動牙醫總額預算制度，擔任衛福部部長後，更開始推動刻不容緩的長照政策、完善社會安全網；眾人對健保支出入不敷出的擔心，他也有一套將健保視為投資的改革哲學。

然而，我們的「阿中部長」，並非一開始就是活躍於檯面上的政治人物。如果，他不是出生在一個積極關心公共事務、對小孩不斷啟蒙公民意識的家庭；如果，他當年像約翰．納許（John Nash）一樣潛心進入數學的世界；如果，他沒有多管閒事進入牙醫師公會推動改革……，也許，他就沒有機會積極參與公共事務；也許，台灣的疫情也會呈現不同的樣貌，我們也可能看不到陳部長每天下午兩點，以既專業又讓人感到安心的口吻，向國人報告最新的疫情。

感謝老天爺的安排，讓阿中部長在人生的每個重要拐點，做出關鍵的抉擇，讓我有幸認識他，並且與他共事，一起為台灣的醫療衛生及防疫工作奉獻心力。

擔任副總統後，我經常有機會和不同領域的產官學研各界人士接觸，當他們提到最近遭遇到的困難時，總會不經意提到，要是我們這個領域或這個難題也可以有陳時中來向社會大眾耐心解答、說明、溝通，不知道該有多好。

確實，無論政府或民間，台灣如果能有更多的「陳時中」願意挺身而出，以專業、愛心和耐心協助化解社會上各項重大爭議，不但會讓台灣進步的速度更快，也將消弭社會上許多不必要的對立與暴戾之氣。

我相信，在陳時中部長帶領的防疫團隊及國人同胞的共同努力下，台灣一定可以克服重重挑戰，安然度過疫情的難關。就像醫福會王必勝執行長在書中所說的，希望睡一覺醒來，世界就可以恢復平靜。

我更期待，在疫情告一段落後，陳部長可以跳脫公衛領域的局限，像他的民間好友闕玲惠醫師在書中的期許，為了讓台灣跟世界不一樣，讓這個世界更好，希望他可以「為自己出征」，為更多人民帶來更多的美好生活與幸福。

傑出防疫指揮官：杏林之光

陳建仁　中華民國前副總統

二〇一九年十二月底，防疫團隊獲知中國武漢地區爆發不明原因肺炎的訊息，立即超前部署，展開各項防疫措施，成立中央流行疫情指揮中心，衛福部第一位牙醫部長——陳時中部長受命擔任防疫指揮官，率領防疫團隊全力抗疫。在全球慘遭 COVID-19 重創的狀況下，台灣卻有了令全球稱讚與肯定的防疫成就，成為世界上最安全的地方之一。如同蔡英文總統在臉書所說的：「這是所有台灣人團結一心的結果。」全民防疫的成功，來自對流行疫情指揮中心的高度信任與配合支持！

《溫暖的魄力》是陳部長接受訪談而成的一本好書，從他的家庭教育、學思歷程、從醫初衷、參與牙醫師公會公共事務、投入公職推動衛福政策，到擔任中央防疫指揮官的點點滴滴與寶貴心得，都能一覽無遺，讓讀者更加認識這位全心投入防疫、維護全民健康的傑出指揮官。

在擔任衛福部部長之前，陳部長是一位優秀的牙醫師，他積極推廣潔牙觀念，也加入牙醫師公會的公共事務服務，努力扭轉牙醫業界亂象，確保民眾獲得良好的醫療照護。他在一九九三年擔任台北市牙醫師公會理事長任內，提出三個非常重要的觀念：病人優先（病人權益放在第一位）、品質優先（積極提升醫療品質）、弱勢優先（發展攸關牙醫專業進步的弱勢科別，並擴大照護弱勢病人權益），把「先利他，才會利己」的觀念發揮到淋漓盡致，直到現在依然堅持這個信念。陳部長更在眾議紛擾之下，不厭其煩溝通再溝通，成功推動牙醫總額預算制度。

二〇一六年，陳部長入閣擔任衛福部長，積極推動完善的長照網與社會安全網，健保改革更成為陳部長的重要施政項目。過去這兩年，面臨世紀大疫的挑戰，陳部長率領所有防疫、醫療夥伴努力防疫。他在每天下午兩點的防疫記者會上，秉持公開透明的原則，向全民說明疫情發展、疫調進度與政府決策。

對於記者的提問都據實回答，絕不迴避。誠懇專業的態度，得到全民的信賴，樂於同心協力做好防疫工作，最前線的醫護人員盡心盡力服務，更有自動自發、熱心奉獻的國家隊成員，全力投入防疫物資生產與合理分配。台灣一次又一次守住防線，在鑽石公主號、寶瓶星號、敦睦艦隊群聚、長照機構、醫院醫護同仁、機場及電子工廠員工染疫等重重危機中，化險為夷。

感謝陳部長和他帶領的防疫團隊、各醫療院所的健康照護工作者、中央與地方政府各部門，以及全國人民的攜手合作，台灣才能成功對抗這場世紀大疫。台灣不封城、不普篩，採取精準策略進行防疫。台灣成功的要素包括「審慎以對、迅速應變、超前部署、透明公開、全民團結」，更充分應用資通訊科技、人工智慧和大數據分析，順利推動精準防疫、紓困和振興。台灣克服了重重挑戰，在嚴峻疫情下，仍能正常生活、正常上學及正常工作。期望全民繼續努力完成疫苗接種與落實自我防疫保護，安然度過 COVID-19 的威脅。

推薦序

初心不改，溫暖如昔

蘇貞昌　行政院院長

能夠擔任公職，為人民服務，為國家做事，是我這一輩子最感光榮的事。我這樣想，相信時中部長一定也有著和我一樣的心情與感受。

他人生的路，本來可以走得更輕鬆，當醫生，去美國，拿綠卡，賺更多錢。但青年陳時中，在最後一刻，猶豫了，困惑了，最後選擇聽從自己內心的聲音，留在台灣，為這塊土地做事。這個決定，注定他往後的生活奔波辛勞，千斤重擔壓在肩頭，但也讓他的一生，從此精采萬分，贏得更多光榮的勳章。

想做事，說來簡單，做起來卻常遇困難。時中雖然在書中娓娓道來這一路投入公共服務的歷程，看似雲淡風輕，不帶煙火，然而世間事，眾口異聲，百態百樣。只是要做事，就要不怕困難，溝通、協調，再溝通、再協調，是公共政策必然的過程。每個人有自己的價值判斷，都要尊重和傾聽。但制度要改革，國家要進步，主事者只能耐著性子，說服各方。有時無法一蹴而成，只要方向正確，腳步不停，終究能夠到達目的地。

從推動牙醫執業環境的改善、牙醫專業形象的建立，到健保制度的改革、長照2.0的布建，再到這次百年大疫的防疫指揮官，沒有一件是容易的事，更沒有一件是一開始就得到眾人無異議支持的。但正因為困難，所以才能看出一個人的真本事、真功夫，也看出他在困難中仍然堅持的理想、堅守的價值，以及一貫不慍不火向前走的韌性力量。

我上次擔任行政院長時，時中是衛生署的副署長；這次，我再任行政院長，他是衛福部長，又遭逢百年大疫，我們有許多的深談互動，也接到不少次深夜時他打來的電話。外界或許只看到他沉著、冷靜、專業的形象，我卻知道其間有許多不足為外人道的辛苦；他在防疫指揮中心休息室的牆面，貼滿了每一個確診的病例、沙發上他日夜堅守辦公室躺出的頭印，都默默見證了這兩年多來，他扛著壓力走過的足跡與印記。

對從事公職的人而言，從來就不在神壇之上，都只是平凡的人。但受國家栽培，人民給了機會，再多的苦都是歡喜做、甘願受。就像青年陳時中，只是想為這塊土地多做一些事，讓國家更進步，人民更幸福，讓下一代可以在累積的基礎上，有更好的環境，有更多的機會，在世界更有競爭力。讓台灣一代傳一代，一代比一代更好，所以義無反顧的扛起了擔子。

初心不改，溫暖如昔，時間雖然霜白了鬢髮，刻下了皺紋，但也打磨了身心，歷練著個人，相信未來時中一定仍然會抱著青年時許下的心願，為這塊土地做事，繼續一貫堅韌的向前走下去吧。

自序

本來就沒有在神壇上

我從很年輕的時候，就開始參與公共事務了，之後也進入公部門服務。但是，我一直不是活躍於檯面上的人物，直到 COVID-19 疫情爆發以後，擔任防疫指揮官，民眾才開始對我有比較多的認識。

相較於世界各國險峻的狀況，台灣的疫情控制算是做得不錯，在其他國家封城甚至封國，但感染人數與死亡人數仍不斷攀升之際，我們彷彿在另一個平行時空，國人基本上都還能過著正常生活。也因此，絕大多數民眾給了我個人和我們團隊相當正面的肯定。

但就如我不斷強調的，台灣的防疫成績，絕對不是僅靠我們防疫團隊就可以做到的，而是從中央到地方、政府到民間，大家齊心協力、高度信任與配合，加上我們有強大且願意捨己的醫護人員做為後盾，才能在疫情蔓延時，還能維持這片淨土，這是一個最美好的「合作」成果。

對於國人的支持，我內心當然很感動，但我也一直都很明白，民意並不是恆常不墜的，只要有任何地方出差錯，過去有再高的民調都沒有用。

在這段時間，隨著各種事件的發生，許多媒體也亦步亦趨做了各種民調跟聲量統計。曾有媒體朋友很單刀直入的問我：「有人說您要被『拉下神壇』了，您怎麼看？」

我的回答是：「本來我就沒有在神壇上啊。」

這是我的真心話。不管有再高的民調，那都只是人民一時的感覺，我們在二〇二〇年一度施政滿意度高達九成，但我知道那是因為當時防疫有成，人民給予的肯定。但是，隨著挑戰增加，之後不可能還可以繼續維持那種極高的支持度。對此，我一直心知肚明，所以我從來都沒有在「神壇」上的感覺，有的只是如履薄冰的心情。

我爸爸以前常訓誡我：「條條大路通羅馬，羅馬不是一天造成的。人的成就是蓋棺論定的，不要讓一時的成就變成你最後的成就。」

這些教誨對我影響滿深的，所以我也一直提醒自己，無論是權力跟民調，都不等於能力，應該審慎自省，讓自己的能力跟權力是相稱的。能力跟權力其實是兩回事，可是人很容易在權力變大時，就以為自己能力也跟著變大，實際上應該要把這兩件事情分開來看，不斷檢視自己的能力跟權力是否能相匹配。

至於民調，那更如流水，若隨著民調起起伏伏就朝令夕改，對國家絕不是好事。我們認真聽取民意，整合各方意見，如果有做不好的，也要誠實認錯；但絕不是刻意迎合民意來做事。人民把責任託付給我們，我們做決策的準則，還是必須回到「什麼才是長遠來說，對人民最好的決定」這個前提上，然後誠懇跟社會溝通，讓大家了解我們做決策時的考量及可能發生的效應。

我想，我這個時候出書，可能有人會說，是不是想造神？還是為了選台北市長？

我還是那句話：我從來沒有在神壇上，以前沒有，現在也沒有。

我是很認分也頗隨緣的人，對於未來的所謂「仕途」，我其實沒想太多。被交付的任務該怎麼做，我會仔細規劃；至於職位，我很少去想，事情若沒做好，想這些也是枉然。

我之所以接受出版社的邀約出書，也是期望藉由這個機會，可以把許多衛福部的重要政策，無論是防疫、健保，或者是食安，做比較完整的說明。

當然，因為出版規劃的緣故，書中還是會提到我個人之前的一些故事，許多經歷確實也形塑了我的處事風格，我覺得跟大家談談也好。也期盼透過這本書，跟國人「交心」，讓我們一起努力，讓台灣成為更美好安穩的家鄉。

前言

我們一起守住了

四十多年前，我在台南隆田當兵，有時會跟部隊裡的老兵聊天，有一次，他們講到以前國共戰爭的故事，「你知道為什麼當年國民黨會戰敗嗎？」

老兵娓娓道來，當年，共產黨跟國民黨在中國東北對峙時，雙方的實力其實很懸殊，共產黨的武器落後，完全比不上國民黨部隊設備精良，「但是，差在林彪比陳誠得人心，所以最後贏了。」

國民黨當時的指揮官是陳誠，共產黨則是林彪。聽老兵說，陳誠治軍極其嚴厲，每天晚上都要部隊大集合、分列式站好，一一檢討疏失，只要有任何人防守不利或是擾民什麼的，絕對嚴懲不貸，甚至立刻槍斃。

而共產黨那邊的林彪則很不一樣，晚上跟大家一起吃飯時，林彪會拿出一張椅子，站在椅子上，溫情鼓勵眾將士：「各位弟兄聽我講，我們遇到很多困難，但大家都很努力，一起守住了！」

按照老兵的說法，這兩個將領其實都很優秀，但因為陳誠實在太嚴厲，逃兵很多，「不然晚上很可能就要被抓去槍斃啊。」而林彪的軍隊因為向心力強，最後反而打贏了有武器優勢的國民黨。

我無從辨別老兵口中故事的真偽，但經過了這麼多年，我一直沒忘記這件往事。

特別是從二〇一九年底至今這兩年多來，我偶爾就會想起當兵時聽到的那個「帶兵要帶心」的故事。

我從沒有想過，在我人生的後半場，竟然會遇上 COVID-19 這場全球浩劫，成為台灣的疫情指揮官，對抗病毒這個看不到的對手。

防疫視同作戰，在非常時期面對這場非常戰役，賞罰分明、軍令如山固然重要，但是，對我來說，更重要的是：大家是不是能在這個考驗中「同心」？

真正能讓人心甘情願捨己付出的，從來不是恐懼，而是信任與情感。

誠願疫情消弭，風平浪靜時，我們可以自豪的說：雖然我們遇到很多困難，但是大家都這麼努力，我們一起守住了！

01:00

第一部

生命探索

第一章●

家，公民意識的啟蒙地

仔細追溯起來，我的政治性格與公民意識的形成，以及公共參與的態度、對很多公領域事務的看法，其實都跟原生家庭有關。

我成長於一個公教家庭，家裡人口單純，我還有一個姊姊。父母親的分工相當傳統，典型的男主外、女主內，嚴父慈母的類型。

母親的百變巧手

從小我就覺得媽媽這個角色真的很偉大，我爸爸在學校教書（陳時中的父親是已故台大法律系教授陳棋炎，是民法權威），我媽媽負責打點家裡一切大小事。由於爸爸出身於大家族，他的想法也帶有一點「少爺氣質」，每個月按時把薪水袋交給太太，家裡柴米油鹽所有用度就會自己變出來。

雖說爸爸在大學任教，薪水不算差，但其實也沒多少餘裕，家裡怎麼吃穿使用，都得靠媽媽來控制撙節。她是賢妻良母，光是一條魚，就可以變化多種吃法，甚至還能做成魚鬆，把食材利用到極致。在我成長的五、六〇年代，還有美軍配給的麵粉，她會用來做包子、饅頭、水餃等各類麵食，手藝很巧。

我爸爸從小受日式教育，生活作息十分嚴謹規律。準時，是他生活的重要準則，幾點出門上班、幾點回家都很固定。每天時鐘指向六點，門鈴聲就會響起，他一回到家，我媽媽會幫他準備好拖鞋，讓他先去洗澡。在爸爸洗澡的這段時間，媽媽掐準時間開始烹調，先完成大部分備料、洗切等步驟，直到聽見水聲快停止，知道爸爸準備要著衣，就立刻下鍋爆炒準備好的食材，這樣等爸爸上桌時，吃到的就是熱騰騰的飯菜。

我小時候以為所有家庭都是如此，長大一點才知道並不是這樣。原來媽媽為了照顧爸爸，費過這麼多心思。

我爸爸出身於大家庭，講究規矩、喜歡體面，即使在家吃飯也注重餐桌禮儀，大家都要正襟危坐，不能吃得唏哩呼嚕；出門則要打扮得乾乾淨淨、齊頭整臉。我還記得很小的時候，出門就像個小大人，開始穿西裝了，而這些「行頭」都是媽媽親手縫製的。我身上穿的漂亮毛衣，也是她把大人的毛衣拆開，重新織就的。

對我來說，她就是個萬能的媽媽，我在她身上，充分看到什麼叫做平凡中的偉大。

涓滴努力匯集成改變的力量

對孩提時代的我而言，我媽媽似乎每天都有各種忙不完的家事，而我爸爸則是天天都在寫跟判例、判決相關的研究論文。記得小時候，他要我們坐在他對面寫功課，還跟我們比賽，他寫一頁，我們也要寫一頁。

我爸爸做任何事都嚴以律己，「準時」這個原則，也反映在他的工作態度上。他每個月該交的稿子絕不拖稿，甚至進度超前，早早就寫好主動催編輯來收稿，批改試卷，一定在三天內完成，任何來函，都會在當天回信。

念小學時，我看爸爸老是在寫東西，忍不住問他：「你到底在寫什麼啊？世間哪有這麼多東西可以寫？你寫這個到底要做什麼？」

他說：「我們研究判例、判決，如果是好的，就要盡量留下來；如果是錯的，就要拿出來討論，這樣將來法律才會愈來愈公平。」

聽起來好像有點道理，但在我幼小的心靈中，還是有一點狐疑：「你這樣一篇一篇寫，到底能改變多少啊？」

爸爸笑而不答，一直到長大之後，我才深深體會，這看似愚公移山般的傻勁，其實是很重要的基本功。累積雖然緩慢，但社會上總是要有人來做這些基本功，才會涓滴形成改變的力量。

如果我爸爸願意，並不是沒有做官的機會。當時政府常有人來請他去做官，像是監察委員之類的，可是他一概以沒有國民黨籍為由拒絕。人家希望他入黨，或是總統府請他去開會，他也統統婉拒。

我們做小孩的難免覺得奇怪：「你不是說社會不公，所以一直寫論文想改善狀況，現在有機會去做官，直接改變現狀，為什麼不去？」

我爸總是回我：「你囝仔人不懂啦，跟你講了也不知道。」

我不服氣，跟他抬槓：「你沒講，怎麼知道我不懂？」

但父子辯來辯去，最後總是不了了之。後來我才漸漸明白，爸爸之所以婉拒出仕，除了當時的環境恐怕有志難伸以外，也是為了保護家人，只是當時我太小，不懂他的用心。

台大宿舍裡的思辨課

因為爸爸的緣故，我從小就有很多機會接觸到一些其他小孩比較不容易碰觸到的議題。

小時候，我們住在台大宿舍，有些教授吃過飯後會來我家串門子。這些教授來自不同學科，學術養成的地方也不同，有留法、留日、留德、留美的，因為背景相異，每個人對理想社會的看法也都不一樣。

台灣人說「囝仔人有耳無嘴」，大人討論事情，小孩子當然沒辦法插嘴，只能旁聽。但我很喜歡這種觀念激盪的感覺，聽這些大人高談闊論，深深感受到原來不同的體制，對人們看法會產生這麼不同的影響，實在很有意思。

當時台大法學院的台灣人教授不多，好像只有三位，除了我爸爸，還有劉慶瑞與彭明敏。他們的中文都是薩孟武教授教的，劉慶瑞在學政界都很有成就，可惜後來罹癌早逝。我還記得，幼稚園時學會「壯志未酬身先死」這句成語，就是在劉慶瑞得病以後，從大人交談時所發的感慨之詞中聽到的。

而另一位台籍教授彭明敏因為從事社會運動，被國民黨判刑，後來逃出國。他出國以後，我爸爸還去彭家探視他的家人，也因為這件事，我們家被人跟監了很久，媽媽為此很不高興。

當時年紀小，還不懂事，並不害怕，只覺得被監視得莫名其妙。爸爸也不多做解釋，只是要我們別管他們，做好自己的事情就好。但是從媽媽充滿壓力的情緒中，我們還是隱約感覺得到這件事情可能滿嚴重的。

我爸爸跟他導生班學生感情很好，尤其是前面幾屆，像大法官翁岳生，就是爸爸第一屆導生班的學生。他們班上同學常來我家，也曾帶錄音機來家裡開舞會，爸爸還包水餃給他們吃。這些學生出社會後，有人當了司法官，有人當律師，偶爾還是會回來探視老師。大家常聊到司法界和法律實務界的狀況，我念初中時，還真聽了不少法界的爭議、內幕或黑暗面的故事。

舉例來說，一九八一年，蘇俊模等八人在沙鹿街上攔截運鈔車，搶走六百八十萬元現款，這是台灣第一件劫鈔案，震驚社會。當時的總統蔣經國立刻宣布結夥搶劫唯一死刑，法官在很短時間內速審速決，很快就死刑定讞。

爸爸的學生到家裡來討論這件事，當時法律就是這樣，法官也只能如此判決。但這樣強烈的報復心，真的對社會好嗎？這樣做，真能以儆效尤嗎？

這些爭議或許沒有絕對的答案，但是大家的討論，為年少的我帶來很大衝擊。為人民好，就可以合理化一切嗎？誰又有資格去教化誰？誰又能判斷誰永遠不可以被教化？我無意評判這些問題的是非對錯，只是年少時，聽大人討論這些事情，覺得頗為震撼。許多事情，若從不同角度思考，就可能產生完全不同的結論。

父親，我的啟蒙導師

我爸爸教親屬法，他的主張是：法不入家門，法律應在倫理之後。他認為，人倫是不會被法律改變的，法律是用來「規範」倫理或秩序的工具，而不是「改變」倫理或秩序的觸媒，想用法律匡正家庭位階，幾乎不大可能做得到。

我年少時，政府已準備要修《民法》親屬編了，尤其在我中學時期，論戰非常多。不過，直到最後《民法》還是朝向「財產法」，而非爸爸主張的「身分法」方向去修改。

記得快要當兵時，《民法》親屬編要修改了。有一天收到爸爸來信，上面寫道：「你認為父若不父，子可以為子嗎？」這後面牽涉到家庭倫理的關係，我很直白的回信陳述我的看法：「父不為父時，子為什麼要為子？」

如今親子關係比較像朋友，兒子用直接的態度對父親說話，可能不算稀奇。但當年社會保守，爸爸又受傳統日式教育，性格較為嚴肅，我這樣回信，對他衝擊還滿大的。他可能很意外，兒子怎麼會這樣頂撞他。其實我的想法很單純：若做父親的未盡到己身義務，為什麼兒子還要遵循做為兒子的責任呢？

無論是《民法》親屬編的修法，或是合議庭的議題，都牽涉到很多法理學的爭議，雙方主張各有立場。我也常聽爸爸跟他的學生熱烈討論，到底哪種才是「對」的。

我不敢妄下斷言，只是在原生家庭這種對事情的辯證風氣等點點滴滴的耳濡目染下，對我後來在待人處事、參與公共事務等方面，都有了很深遠的影響。

除了啟發我對公領域事務的興趣以外，我也學到：對同一件事，可從不同層面來進行討論；而媒體所陳述的也未必是事情的真相或全貌，這都給我很多思考空間。

和我爸爸相比，在公共參與方面，他比較韜光養晦，我則入世一些；做事情時，他比較過程導向，我則傾向結果導向，但我們在許多理念或價值觀上仍是相符的。

爸爸絕對是我公民意識與政治態度的啟蒙導師，我永遠感念他。

第二章 ● 牙醫，意外的旅程

我在從事公職以前，是牙醫出身。但牙醫這條路，原本不在我的規畫中，對我而言，算是一段意外的旅程。

如果只考慮「喜好」的話，我小時候最想念的是：數學。

數學是我最感興趣，同時也最拿手的科目。我喜歡所有可以用數據來呈現的資訊，總覺得那些「看得到」的東西比較踏實。長久以來，我一直傾向從數學的角度來思考、分析問題，即便是現在到了立法院備詢，我依然習慣整理出所有的相關數據，可以的話，甚至還會列出這些數據的計算公式，方便找出影響因子。

迷惘的傲氣少年

我很喜歡一部美國電影「美麗境界」，講述數學家約翰．納許的故事。這是二〇〇一年的片子，我看這部電影時，已經有點年紀了，但電影主人翁那種凡事都化為數學思考的思維模式，很能引起我的共鳴。這不就是我童年嚮往的境界嗎？

小時候，我跟爸爸說將來想讀純數學時，他不假思索潑了盆冷水：「你要是讀數學，肯定會餓死。」

這個觀念當然不盡正確。很多領域都需要數學，學數學還是有出路的。但是當時長輩普遍都有這種觀念，加上我又是家中唯一的男孩，選擇志願時，多少還是得考慮家長的看法。我心想，爸爸學法，如果我追隨父志，他應該會很高興吧？

於是我說：「那我去讀法律！」

沒想到，爸爸竟然一點也不贊成這個決定。原因是，他覺得那個年代的台灣司法根本沒有獨立性：「你要是進了這個環境，要麼沒有發展，要麼同流合汙，都不好。」

學數學或學法律都不行，那要學什麼？我家族中有非常多醫生，叔伯、舅舅、堂表兄弟等加起來，有數十名醫生。我爸爸認為，不如學醫好了，這個職業至少可以濟世救人，又受人敬重。

然而，一九七一年，我大學聯考失利，未能如願考上名校醫學系，而是落到台北醫學院牙醫系。

現在大家可能都覺得牙醫系很好，台北醫學院也是好學校，怎麼會說是「失利」、「落到」？

在我念高中時，牙醫的地位完全不能跟今天相提並論。當時台灣牙醫界密醫充斥，良莠不齊，牙醫系的分數也跟現在差很多。而我從小到大成績都名列前茅，心裡難免有一點傲氣作祟，覺得牙醫系不是我心目中理想的科系，台北醫學院在當時也不是最頂尖的學校，完全無法接受這個結果。勉勉強強念了一學期，還是難以排解那種挫折感，於是我跟爸爸攤牌，承認自己徹底失敗，告訴他我想重考。

那個時間點正逢台灣退出聯合國，社會氣氛很不安，爸爸覺得我若是留在台灣，前途難料，並不贊成我重考：「你若重考，只是加了（浪費）錢，擱了時間，還是趕緊念一念出國好了。」

我爸爸那邊有很多親戚住在美國，於是我申請了綠卡，留在北醫繼續讀書，準備畢業後當完兵就出國。

從「一片空白」重新出發

雖然打消重考的念頭，心中還是覺得「不甘願」。我在北醫牙醫系六年的修業期間，大多數時候，都抱持著一種比較漠然、抽離的態度，班上活動都不參加，也不和同學往來，對課業和考試都不甚在意。簡單說，我對大學生活的印象，就是：一片空白。

有個高中好友看我這樣渾渾噩噩度日，實在看不下去，就寫了封忠告信給我，信中直言：「你這樣混下去，到底要拿什麼來面對你未來的人生？」

這封信對我產生了一些衝擊，於是開始認真反省自己對人生的態度，就算畢業後要出國，當下也應該充實度日。於是，我為自己設定了一個目標：參加國家考試，一定要把牙醫執照考到手。

之前，我一直跟班上同學情感疏離，但從那時起，我開始加入同學組的讀書會，一起準備國考。

由於之前對課業漫不經心，功課方面可說是「百廢待舉」。大家準備國考時，都在讀考古題，但我覺得我都沒有好好照顧課業，若想得到正確知識，不能只念考古題來填鴨，而應該地毯式從頭學起。我甚至還拿起組織學的原文書來讀，這科在國考分數中占比很低，任何明智的考生衡量投資報酬率，都不會在這個科目下重本。但既然下決心要做，就應該做徹底，我還是硬著頭皮讀，遇到不懂的，就請教同學。幸好當年遇到一個很熱心的同學劉宏志，願意不厭其煩為我釋疑。

當兵期間，我仍然繼續採用這種笨功夫讀書，一科一科、一本一本慢慢讀，重新打基礎，幸運的是，我在退伍前，就考到了執照。

當完兵後，綠卡也申請下來了，若按原訂計畫，我就要負笈美國。可是，這段時間又發生了許多驚天動地的大事件，像是中美斷交、美麗島事件等。

這讓我躊躇了……

我開始思考，人生的意義到底是什麼？若到國外讀書，最大的成功不外乎就是當醫生、多賺一點錢，然後呢？下半輩子難道就這樣嗎？如今國家動盪，我是不是能做些什麼呢？

拿綠卡、出國，對我來說，實在沒有什麼特殊意義，我覺得那並不是我的人生目標。留在台灣，反而比較能激發我的生命力。

經過長考，我決定放棄出國，選擇留在這片土地上，為它做一些事情。

我當時手上僅有的「武器」，就是我的牙醫專業。而當年的牙醫界，的確存在非常多問題，若可能，我希望我有機會能夠徹底翻轉這個行業的現況，這也是我參與公共事務的起點。

小兒子談父親陳時中

言教與身教是最好的禮物

陳彥安　沿岸製作創意總監

二〇二〇年春天，原本在荷蘭擔任設計師的陳彥安回到台灣，那段時間正是政府防堵 COVID-19 疫情最緊張，也是防疫指揮官陳時中最忙、最少在家的時候。雖然陳彥安大老遠從歐洲回來，但父子倆根本沒多少機會能好好說上話。

有一天，陳彥安回到家中，看到餐桌上有一個冷便當，上面寫了陳時中的名字，想來是沒空吃的「開會便當」。

陳彥安看了不禁莞爾，「看來即使經過多年，爸爸始終沒變，還是一樣一直在『開會』。」

繁忙公務間的寶貴父子時間

從陳彥安有記憶以來，父親陳時中就一直忙於工作，除了要看診，還要「開很多很多的會」。因為父親實在太常在「開會」了，幼時的彥安一度認為爸爸最喜愛的東西就是「開會」。有一年父親節，媽媽問他想要送什麼禮物給爸爸，他的答案竟然是：「開會」。

不過，這樣一個總是在工作或開會的父親，也有柔情的一面。不管陳時中再忙，每天早上還是會親自送兩個兒子去上學，「有時爸爸前一天工作得太晚，我們還要充當鬧鐘，去把他挖起來。」陳彥安笑說。

這短短的十五分鐘車程，他們會在車上跟爸爸聊聊在學校發生的事，或在車上與爸爸溫習課業。對陳彥安而言，這是非常珍貴的「父子時間」。

下課以後，陳彥安有時候會到診所或者公會的辦公室寫功課，順便等父親回家吃飯。陳時中習慣在兩個診中間回家用餐，並利用空檔陪兒子讀書，之後再回去看診或開會。這些短暫的陪讀時光，是陳家一天當中的另一段「父子時間」，因為陳時中凡事認真的個性使然，「結果我的課本，我爸都背得比我還熟。」

陳彥安表示，父親受爺爺的影響很深。爺爺是一位嚴以律己、一絲不苟的長輩，爸爸也有嚴肅拘謹的傾向，平常在家並不輕易流露柔情，「不過，他也絕對不是嚴厲型的父親。」陳時中從來沒有打過小孩，也甚少疾言厲色，「我不曾在家裡看我爸勃然大怒過。」陳彥安說。

小時候，小孩子若是犯錯，陳時中的做法就是「講道理」。陳家的沙發椅是L型的，以前若陳彥安做錯事或陳時中有任何事要提點兒子，就會把他叫進客廳，在沙發上一人坐一頭，由陳時中來「曉以大義」。

「我家沒有人扮什麼黑白臉。」陳彥安笑說，父親「唸經」教導兒子時，母親有時還會在旁邊抄筆記，聽到「精采」處，還會打斷，「欸，等一下，你剛剛那一句講得不錯，再講一次。」

追求所信價值的浪漫

整個陳家家族中，可以說是菁英輩出，很多家族成員都擔任醫師或律師。陳彥安的堂兄弟姊妹大多也很會讀書，不少人從小到大都念名校，陳時中兩個兒子中，長子也是認真課業且成績優秀，日後成為醫師；但次子陳彥安則相反，從小便對於體制內的教育方式興趣缺缺，喜歡看書跟畫畫，因為嚮往自由的風氣，考上國立新店高中，一心只想玩社團跟做設計。

當初高中「沒考好」，陳彥安有一點內疚。家族親戚的小孩多半都念前三志願，這樣父母親在親族中會不會有壓力？但是陳時中夫婦從頭到尾都沒有任何微詞。後來陳彥安跟雙親表示想走藝術設計路線，就算以後生活不穩定，至少是自己喜歡的。陳時中夫婦也給予尊重，完全沒有想要拗折兒子的人生。

「我覺得我們家的人，都有屬於自己的追求，不管贊不贊成，也都願意去理解彼此的選擇，盡量不干涉對方，」陳彥安表示，家人在做重要的人生決定時，當然都會提出來一起討論，「但最後還是以那個人的想法為主。」

他舉例，幾年前父親受邀入閣，母親的態度有點躊躇，擔心丈夫會因此太操勞、承受過大壓力、影響身體的健康，反而是兩個兒子比較贊成父親執掌衛福部。

陳彥安表示，就他對父親的觀察，父親當然是個好牙醫，「但那可能不是他最想做的事情。」

二〇〇八年政黨輪替以後，陳時中回到民間重拾牙醫老本行，收入比當政務官時高，工作壓力則輕很多，也不用扛這麼大的責任。每天看診完，就可以回家休息，看新聞、電影或政論節目，「但我覺得我爸眼神中，比較沒有在做他真正喜歡做的事情時，會有的那種『火花』。」

「一個人的人生如此有限，為什麼不用來追求自己真正想做的事？」藝術家性格的陳彥安，完全理解隱藏在父親陳時中嚴肅外表下的某種「浪漫」：那是一種願意為自己信奉的價值以身相殉的熱情，「我爸一直很想為台灣做一些事情，有機會，為什麼不呢？」

面對弱點，不斷成長

陳彥安表示，父親在他自己的專業領域裡很有影響力，但對藝術、設計、產品開發等領域，則一點也不了解，「有時候，我可以感覺他似乎有一點點懊惱，不知道應該怎麼給兒子建議。但是他給我的影響跟幫助，其實已經很多了。」

陳彥安年少的時候，陳時中教他的是「不要帶著情緒做事」、「做事情要專注，不要為了小事分心」等。等到陳彥安上了大學以後，陳時中則比較常跟他分享如何建立團隊、如何溝通協調、如何領導統御等，「這些教導都帶給我滿多啟發。」

比如說，陳時中一直諄諄告誡兒子，在溝通交涉的過程中，觀察別人的需求很重要，「不是只追求自己的贏，而是要追求大家的贏。」陳彥安後來自己開了設計公司，必須經常和藝術家、客戶端、製造端，以及許多不同領域的合作對象打交道，父親傳授的工作心法，就非常有用。

「很多時候，他給我的影響，也許不是透過言語傳達，而是親力親為的『示範』。」

陳彥安二〇〇五年負笈荷蘭，難得能見到在台灣的家人，因此，那幾年陳時中為了台灣是否能成為WHA觀察員到瑞士出差時，無論陳彥安手邊有多少事要忙，都會排除萬難特地飛到日內瓦去看看父親。「其實也沒什麼時間可以敘舊，因為我爸都在認真準備會議或講稿，我去了常是幫他『補習英文』。」

陳彥安表示，父親英文讀寫能力沒問題，但口語比較不足。雖說國際場合都有專業翻譯隨行，但陳時中很認真，上任以後，還特地去找英文老師上課加強，理由是：有些場合還是要自己講比較好。而另一些場合就算有翻譯，若在對方提問時能充分理解問題，就可以多爭取一點思考時間，回答得更周延。

陳彥安記得第一年去日內瓦找父親時，還要幫父親一個單字一個單字的矯正發音，但到第二年、第三年時，父親的口說能力就愈來愈好，「雖然還不到很流利的程度，但進步真的很大，至少已經不必逐字硬背他的講稿了。」

雖然這只是件小插曲，但陳彥安看到父親極其執著認真的一面，「我爸是那種可以面對自己弱點，一直成長的人。看他到這個年紀都還這樣，就會覺得自己應該要更努力。」

被討厭的勇氣

陳彥安知道，父親一直是個對工作極其投入的人，但他並沒有親眼看過父親是怎麼工作的。直到這一次陳時中擔任防疫指揮官，每天親上火線開記者會跟國人說明，陳彥安才得以一睹父親在工作現場的樣貌，也才真正體會到父親面對的壓力，是何等龐大。

早在十幾年前，父親就常對他說，做人做事要「不怒而威」，而非「怒而不威」，但這種說法畢竟有點抽象，「我看他擔任防疫指揮官，才充分理解到他是怎麼實踐這個理論的，他跟我講的那些，自己還真的都有做到。」

雖然挺「阿中部長」的人很多，但站在風口浪尖，政治口水總是難以避免。問陳彥安看到父親被批評或甚至指控，心中作何感想？他笑說：「當然會生氣啊！但轉念一想，搞不好他本人根本沒那麼在意，就覺得好像也沒必要為這種事生氣。」

很久以前陳時中就跟兒子說過：「若有一百個人喜歡你，就可能有另一百個人討厭你。你在做事，不是要讓所有人喜歡你，而是要把你的價值觀展現出來，能夠接受的就會接受你，不能接受的，也不用勉強。」

或許就是因為擁有這種「被討厭的勇氣」，所以才能在各種雜音中，仍能心無旁騖，堅守立場。

因為防疫的關係，陳時中從幕後走向幕前，變成家喻戶曉的名人，陳彥安則突然變成「名人之子」。雖然陳彥安以身為陳時中的家人為榮，但這樣的身分轉變，也時常造成困擾。有許多工作機會，陳彥安明明是靠自己的專業與努力爭取而來，卻偶爾會有些聲音質疑他的成功與父親陳時中的身分有關。

陳彥安坦言，每當聽到這樣的風聲，「當下的確會不爽」，但也只會「不爽」一下子而已，「陳時中是我父親，這是事實；但事情能不能做得好，則是要看我自己的努力。」他告訴同事，為此爭辯或大動肝火毫無意義，把事情做好才是最重要的。爾後，靠著團隊努力交出一張張漂亮的成績單，那些聲音也就漸漸消失了。

因為陳時中夫婦都不以賺大錢為主要目標，因此很久以前就跟兩個兒子預告過：「我們只求賺我們夠用的就好，你們要靠自己的努力。」

但比起有形的財富，這種對工作的專注以及面對壓力的韌性，或許才是陳時中留給兩個兒子最好的禮物。

02:00

第二部

從醫初心

第三章 ● 參與公共事務的起點

我年輕的時候，牙科這個行業的環境非常紊亂，素質不一、法規不清楚（一九六七年，牙醫才納入《醫師法》，在此之前，都只是用牙醫管理規則在規範），而且無執照的密醫橫行，造成劣幣驅逐良幣。

做為牙醫師，最大的期望就是改善大家的口腔健康，並且樹立牙醫這個行業的專業性，提升牙醫的醫療品質。但是，我一個人就算再怎麼努力看診，一整天下來，能接觸的病人十分有限，很難擴大影響力，更遑論要改變整個牙醫界的環境。

我曾寫過許多文章，檢討不合理的牙醫執業環境，也提出各種改善建議。在我心目中，合理的牙醫醫療環境，是一個牙醫師得以依專業倫理而行、民眾口腔健康能獲得保障，而且社會可以因正確的醫療行為與觀念確立而受益的理想境界。

但我心知肚明，光靠一個人的力量，想要達到這些理想是不可能的。一定要透過群體，才有辦法翻轉這個沉痾已久的行業。

於是，我決定參加公會，盼能灌輸民眾正確的潔牙觀念，並扭轉牙醫業的亂象，這也成為我投身公共事務的起點。

在往後二、三十年，我非常積極去完成當年為文提出的建議，從進入公會，到擔任公會理事長，再到全聯會競選理事長。就這樣一步一步，整合各方意見，爭取認同。

透過眾人的努力，我可以自豪的說，我們真的改變了整個牙醫界的生態，不但讓保養口腔衛生成為國民常識，也讓牙醫轉型為有尊嚴、講專業的行業。

密醫事件

當年，很多密醫根本沒有執照，也沒受過醫學院科班的正統訓練，可能只是在牙醫診所當助手幾年，或做齒模出身，自己土法煉鋼學幾招，就出來開業當牙醫，數量多到還有自己的代表團體跟理事長。

因為密醫會搶走病人，那些通過國家考試的「有牌（執照）」牙醫就跟他們勢同水火，鬥得很凶。歷任牙醫師公會的理事長也都費盡心思要抓密醫，我大概是唯一一個完全不想跟密醫周旋的理事長。

我的邏輯是這樣的：牙醫「本來」就應該是「有牌」的，密醫會這麼猖獗，政府當然有錯，錯在沒有嚴格規範這個行業。但是嚴格說來，正牌牙醫也必須負相當的責任。我們如果夠厲害，密醫應該就要望風披靡。他們在有牌醫師的眼皮子底下還能夠活得這麼好，就表示在民眾眼中，兩者之間其實是沒有多大區隔的。

因此，「有牌」牙醫當務之急，是樹立自身的專業價值，而不是降低格調去跟沒牌的密醫鬥法。當然，真的很離譜的那種密醫，還是要舉報，但是，不應該本末倒置，把揪密醫當作牙醫業的要務。

不過，我不花太多心力糾舉密醫，並不代表我可以姑息密醫去做正牌牙醫才能做的醫療業務。

擔任台北市牙醫師公會理事長時，有一次，衛生署（今衛福部）牙醫諮詢委員會開會，密醫團體的代表也來了，他們來請願，希望可以承接洗牙填補的業務。這些代表看起來都一臉凶相，講完訴求後也不離開，繼續坐著等結果。

全聯會的前輩都很低調，紛紛表示沒有意見。我心想，不對啊，此刻大家都不出聲，如果我也沒意見，那這個提議就要通過了。

我當時才三十出頭，沒見過太多世面，說完全不怕是騙人的。但若不擋下來，難道就要讓他輕騎過關嗎？於是我硬著頭皮說：「我個人也是沒什麼意見啦。但是，之前全聯會有一個決議，我想唸出來給大家聽聽……」

那個決議的內容當然是要對密醫嚴加約束。我一唸完，主席大為緊張，提醒我：「人家來，就是來要求鬆一點，你怎麼反而要更嚴？」

「奇怪，我們才是牙醫，他們來要求要鬆一點，就一定要答應嗎？我們也可以要求更嚴一點啊。」

主席看場面有點劍拔弩張，連忙打圓場說：「你們再討論一下，我們下個月再決議好了。」

那場會議之後，他們竟然在媒體廣告版位登了一則很囂張的廣告：「陳理事長不給我一口飯吃，我就不給你口吃飯！」還一連登了好幾天，這不是擺明威脅我嗎？

我心裡也有點擔心會真的出亂子，還交代護理師幫我準備木劍、噴槍來「防身」。人家的診所通常都是開放式的，但我當時把診所做成封閉式的，只留一道縫，就是怕有人來找麻煩。

不過每天這樣疑神疑鬼實在不是辦法，我後來決定「直球對決」，主動打電話給對方的理事長，跟他攤牌：「你們有什麼話可以好好講，登這個是什麼意思？」

對方理事長還裝傻，說他們沒有惡意，只是有些成員個性比較衝動。

「那萬一有些『比較衝動』的人真的來這邊亂，你打算怎麼辦？」

「我也沒法度啊，我沒辦法約束到所有會員啊。」

我看對方避重就輕，就把話挑明了說：「這件事你最好想清楚，萬一我有什麼三長兩短，我相信政府一定會給你們掃一波的。」

對方聽我這麼說，氣勢有點怯了，我繼續分析：「就算你後台很硬，但你想想，牙醫師公會的理事長因為密醫事件受到什麼傷害，社會一定會出現壓力，你覺得政府可以不處理嗎？」

也許是初生之犢不畏虎，我還說：「那是國家正式的會議，你們不是會員，不能參加。你們下個月來講完意見就可以走了，不可以繼續坐在那裡不走。」

到下個月，他們還真的沒有來搗亂。後來，隨著制度跟牙醫專業形象慢慢建立，密醫自然凋零，漸漸就沒有雜音了。

先利他才會利己

但牙醫界生態的改變並非一蹴可幾，我們花了很多年，才終於達到這個目標。當年牙醫師都抱怨行業環境不好，我們希望牙醫業是有尊嚴的，但沒有貢獻，談何尊嚴？

為了達到目標，我當時提出了三個優先，分別是：「病人優先」、「品質優先」，以及「弱勢優先」。前面兩者很好理解，必須把病人的權益放在第一位，當病人權益跟牙醫師權益兩相衝突時，要選擇先站在病人這一方，並且積極提升醫療品質。

至於弱勢優先，原先指的倒不是一般人理解中的「弱勢」，而是指牙科這個大領域中，一些比較不那麼受到重視、但攸關牙醫專業進步的小科別（例如口腔病理等），也不能偏廢，才能夠提升整體牙醫的專業層次。

有其他縣市的公會理事長說：「公會不就是要為成員著想嗎？應該是『牙

醫優先』才對，怎麼是『病人』優先呢？」

也有會員跟我抱怨：「醫療價格都已經不怎麼好了，還要『提升品質』，這樣不是讓大家增加更多成本嗎？」

跟「品質優先」相對的「價格優先」，很多人都希望能把「價格」拉高，才能增加收入。問題是，「價格」這種東西，是跟「價值」連動的。對病人來說，為什麼要為一個缺乏價值的服務付出更多代價呢？

而什麼是「價值」呢？其實就是「品質除以價格」的結果。

以比例來說，如果分子（品質）低落，價值當然會往下掉，若價值不夠，不管要爭取費用，或是跟密醫做法律攻防，都很難得到充分的支持。

相反的，當分子（品質）變大，但分母（價格）不變，整體的「價值」就提升了，時間久了，外界自然會願意提供給醫事人員更好的價格。

因此，不能只想自己優先，必須先「利他」，也就是「品質優先」，提升醫療服務的專業，並且把牙醫的知識跟專業貢獻出來，才能得到社會認同，形成正向循環。

正規軍的SOP

那麼該如何提升品質呢？首先，一定要建立行業的專業標準。

當年牙醫教育資源相對匱乏，訓練也不夠扎實，並沒有SOP（標準作業流程），業界許多人都會循所謂「老師仔」（老師傅）的做法「偷吃步」。

可是醫療應該標準化，我不是很認同「老師仔」那種不循正規途徑的做事方式，反而覺得應該照教科書做才對。我也跟後來入行的學弟說，做事可以變通，但無論怎麼變通，都要「有所本」，該做的步驟，都要一步一步做好。可是當時大部分人都不講究SOP，也難怪牙醫業無法建立專業形象。

我初步的想法是：要公開揭露資訊，把正規的做法全部做成單張，讓民眾看診時，可以充分了解在不同情況下，他們應該得到哪些治療內容。

剛開始，我說要提升牙醫的專業形象，大家都很認同。可是當我一提出要編纂牙醫師實用手冊，把每一項治療的標準做法都列出來，放在診所讓民眾翻閱，就開始出現反對的聲音了。有人說這太理想化，根本曲高和寡；也有人說這在美國或許可以，但台灣肯定行不通……。

說穿了，反對意見背後真正的原因，就是不想讓病人知道正規的ＳＯＰ是什麼。你弄了個手冊放在診所給病人看，病人就來質疑你怎麼沒有按規矩來，那不是自找麻煩嗎？

可是，這些正規方法在國外行之有年，每個步驟都有其考量依據。有牌牙醫是「正規軍」，當然應該要跟進正規做法，不能因循苟且，便宜行事。

為了傳達正確的知識，我花了很多心思製作牙醫實用手冊，手冊九成以上的內容都是我親筆寫的。我白天看診，空檔時整理大綱、寫稿，下班後則去找專家來修訂，回家再挑燈夜戰，修改不夠完善的地方，每天都弄到凌晨三、四點才能休息。

當年並不像現在是電腦化作業，一切要靠人工剪貼排版，每天只能處理兩、三頁。於是我每天清晨六點，把做好的內容送到出版社製版，就這樣不眠不休辛苦了一個多月，終於把手冊做出來。成品的內容充實，製作又精美，我非常滿意。手冊定價一本五千元，在八〇年代算是天價，即使後來打五、六折賣，還是很貴。

很多單位製作文宣品，都免費贈送，但我在公會時經手製作的各種口腔保健文宣品，除了海報以外，其他都不是免費的。

我觀察到，很多免費贈送的文宣品，製作方多半沒有仔細考慮需求、目的與品質，只是例行公事般粗製濫造一些內容，就隨意分發給相關成員。這些東西通常不被珍惜，最後還不是棄若敝屣，完全無法達到效果，只是浪費資源。

因此，我們都是經過周詳的考慮，才製作文宣品。這本手冊共花了五、六百萬的成本，用銅版紙全彩印製。這種文宣品放在診所，絕對可以有效提升民眾對口腔健康的知識，以及對牙醫專業的信賴度。

高品質的產品，不應該是免費的，會員應該自己評估，有需要再來購買，買回去就要好好珍惜使用才對。加上當時的公會其實滿拮据的，我們也必須收費，才有資源可以繼續生產其他好東西給會員，所以我很堅持「只售不送」的立場。

有些縣市的牙醫師公會很喜歡這本手冊，要求我免費贈送。儘管可能會得罪一些人，我還是一概婉拒，喜歡就掏腰包來買。

牙醫師們對這本手冊的反應是「既期待又怕受傷害」。的確，精美充實的手冊，對於提升形象、與密醫有所區隔，效果應該是相當卓越；但是，如果一切都要按規矩來，對於還不習慣每個步驟都遵守ＳＯＰ的牙醫師來說，不就像緊箍咒一樣嗎？

對此，我也做了些彈性變通：把手冊做成「活頁」的形式，牙醫師不用整本手冊都拿出來，可挑選自己覺得做得好的環節，分拆出來放在診所給病人看就好。舉例來說，甲診所覺得自己A部分做得很好，就提供手冊的A部分給病人看；乙診所覺得自己B部分充分落實，則可以拿手冊的B部分給病人看。

可能有人會質疑：只展示自己做得好的部分，做不好的藏起來，不是有點自欺欺人嗎？

我倒是不擔心這個問題。畢竟牙醫診所做的是社區服務，街坊鄰居偶爾會交換心得，久而久之，大家就會知道正確的程序包括哪些流程，觀念會慢慢擴散，從病人端去要求醫師。假以時日，診所為了留住病人，會逐步要求自己把所有部分都做好，導向良性競爭的結果。

牙醫界長期以來一直沒有SOP，若一開始就雷厲風行、希望所有人都一步到位，肯定會遇到很大的阻力，甚至乾脆放棄不做了，還不如保留一點權宜的彈性，反而可以漸進、柔性的敦促整個牙醫界都要照規矩行事。

潔牙，從小扎根

當年台灣的牙醫水準，曾經被美國學者批評落後美國百年，牙醫界當然紛紛跳出來自清。但我覺得之所以會招致這種批評，是因為當時台灣民眾真的普遍缺乏口腔保健觀念。

若要扭轉這種印象，就得先提升國民的 Dental IQ（口腔保健智商），這也是我推動「潔牙運動」的初衷。

一九九〇年，我們提出了「口腔保健工作計畫」，內容包括：訂立「牙醫醫療參考守則」、「口腔播種人員」計畫、國小口腔保健教育、製作「健檢卡」、定期檢查評估、「牙醫師VS.患者」臨床宣導計畫、口腔保健宣導月等議案。

為了輔助宣導，還特地拍了一支錄影帶，因為預算有限，腳本、導演都是我，由助理負責示範，再請攝影師拍攝。帶子拍好、剪輯好後，還要自己上字幕、配上請人製作的音樂。這支影帶對後續推動各項教育事務，幫助非常大。

一九九一年，我在台北市牙醫師公會理事長任期屆滿之後，轉任牙醫全聯會常務理事，也在全聯會組織了一個口腔衛生委員會，繼續推動相關活動。

當時一共訓練了兩千六百名口腔播種牙醫師，他們都是無酬的，憑著一腔想改變牙醫界的理想，全台走透透，分散到各國小去指導學校老師，培養學童正確的潔牙觀念，內容包括潔牙技巧訓練（包含工具的選擇和使用等）、潔牙時機與習慣、食物選擇與飲食習慣建立……等。

這些觀念對現在的小朋友來說，可能都是「常識」了。但在當年，有正確觀念的人真的不多。這個運動，可說刷新了大家對口腔保健的認知。

我們後來還開辦「全國國小學童口腔衛生潔牙觀摩」競賽，讓各校推派代表來角逐。有競爭，大家才會更有動力，而且，也比較能吸引媒體來報導，讓更多民眾了解潔牙是一件很重要的事。

在過程中，曾有反對者質疑，對小學生進行教育，效果會不會太慢了？但我覺得，價值的轉變，必須花時間醞釀，因此眼光必須放長遠。教育小學生，是向下扎根的重要工作，這些小朋友長大以後，也會成為家長，他們會願意花錢、花時間照顧好子女的牙齒。剛好在那個時候，牙醫界的水準也已經提升起來，可以跟民眾的需求互相銜接。到這個階段，整個台灣牙醫界這才算是真正徹底翻轉了。

潔牙運動對牙醫界意義深遠，整個牙醫界因為這個運動真正的整合起來，民眾對牙醫專業的信賴與好感也大幅增加。而且，為了要推動口腔保健的理想，我在公會結交了許多志同道合的朋友，大家抱持同樣的信念，希望能夠建立牙醫的專業價值，提升國民 Dental IQ。而這些一起努力、有革命情感的戰友們，很多後來都成為重要的幹部或意見領袖，他們是我後來推動牙醫總額預算的最大支持助力，而那又是另一段令人難忘的奮鬥故事了。

第四章 ● 「全面防護」就是最有效的預防

台灣在整個 COVID-19 防疫過程中，關於「普篩」的爭議從來沒停過。但是，在疫情的頭兩年，指揮中心始終堅持以「隔離」做為最高指導原則。

事實證明，台灣的防疫的確做得比那些大規模普篩的國家成功許多。追根究柢，防疫政策背後的思維邏輯，其實就是「全面防護」（Universal Precaution）的觀念。我們不可能揪出所有感染者，但可以透過「全面防護」，把感染者對社會的衝擊降到最低。

要談「全面防護」這個觀念，就得從一九九〇年代愛滋病對牙醫界造成的衝擊談起。

民眾現在去看牙醫，牙醫師肯定是口罩、手套，甚至面罩全副武裝戴好戴滿；治療器械要麼是拋棄式的，要麼是經過高溫、高壓消毒處理過的，一套套單獨包裝起來；就連棉球之類的耗材，可能也會單獨包裝，避免汙染。但是，當年牙科並非如此。牙醫師是不戴口罩、手套的，老一輩牙醫覺得這樣對患者似乎「不太尊重」。醫療器械當然有消毒，但絕對沒有今天這麼嚴謹。

一九八〇年代在美國爆發的愛滋病，對牙醫界投下了一顆震撼彈。特別是一九九〇年，美國佛羅里達一位牙醫竟然在治療過程中，把HIV病毒傳染給六個病患。

在那個年代，愛滋病被視為無藥可醫的絕症，這個事件引起極大的恐慌。

愛滋病是後天免疫不全的疾病，因為免疫力出問題，所以病人初期經常會有口腔潰瘍或類似牙周病之類的問題，然後就去牙科報到看病，這對醫師或普通病人來說，無異是極大威脅。

「未知」的風險防不勝防

當時大家對這個新問世的疾病缺乏通盤的了解，就連我本人，也認為既然愛滋病人主要是透過特定族群的不安全性行為傳染，只要想辦法把那些病人找出來，就可以杜絕風險。

我當時擔任台北市牙醫師公會理事長，台大那時正好有一個研究愛滋病患口腔表徵的研究計畫，把已登記的愛滋病人找來做口腔檢查，拍照片做紀錄，並進行問卷調查。我也去看了一些病人，協助研究人員做登錄，目的是想透過這些觀察機會，多了解愛滋病人，說不定可以從外觀上得到線索。

觀察了很多天，前後大概看了八百多名病人，男女老少、環肥燕瘦、陽剛陰柔都有，根本無法從外觀上判斷是否感染愛滋病。

牙醫界於是開始討論，是不是用「檢驗」的方式來篩檢病人比較精準？

有些醫院或診所的設備比較齊備，患者全都先抽血檢驗，確定沒有愛滋病再繼續療程。一開始大家覺得都做到這種地步了，總萬無一失了吧？

可是，後來才意識到有個盲點：萬一檢驗當下，病人處於愛滋病潛伏期，沒驗出來呢？又或者病人在檢驗之後，才跟其他愛滋病人發生不安全性行為，然後在治療過程中感染呢？這都不是不可能發生的事情。

當時，更有醫院設法把愛滋病人和其他病人區隔開來看診，設立愛滋病專區；台北的慢性病防治所也開設愛滋牙科診療室，跟一般牙科區別開來。但是，施行了一段時間以後，發現這些方法都無法有效降低風險，因為還有許多未知的病人。不管是設立專區，或是特別診療室，僅是把已知病人區隔開來，根本無法防止未知病人對醫護或其他病人造成感染的風險。

也有人提議要針對特定病人做註記，但這就跟設專區一樣，無法防範未知病人可能造成的風險，全都是無效的手段。

如果要靠病人自己坦承，那就更天方夜譚了。我還記得，當時研究愛滋病患口腔表徵的計畫中，有一份問卷，其中一題是：「你會不會跟醫生坦承自己患有愛滋病？」應答者全都表示：「當然不會！」理由也不讓人意外：「要是老實講，醫生就不會讓我看診啦！」

檢驗、設專區都行不通，又不能指望病人誠實以告，到底該怎麼做，才能保護醫師跟病人不受愛滋感染呢？

針對這個難題，美國疾病預防管制中心倒是給出了一個很有效的方案，那就是最前面提到的：Universal Precaution，全面防護。

因應愛滋病的衝擊，美國提出的對策是「無分別」的全面防護。換句話說，醫療人員要把所有病人都當作「可能的感染源」，不管遇到的病人是不是愛滋病患，都做好萬全準備，就可以避免自身被感染，或是經由醫療過程傳染給無辜者。

台灣牙科後來也決定採行這個方法，不過，這麼做之後，增加很多營業成本，一開始也遭遇不小的反彈聲浪。

那為什麼最後大家會接納全面防護的方案呢？那是因為大家覺悟了一個事實：不可能透過篩檢找出所有的病人。加上疾病本身還有潛伏期、偽陰性的問題，驗出來沒事，並不意味著真正安全。反倒是做好全面防護，才能有效降低風險，雖說會增加成本，但總比被感染好。因此，大家漸漸能夠接受全面防護的感染控制方針。

從那時起，牙醫界就開始採行戴口罩、戴手套、徹底消毒器械等措施，不僅要添購許多拋棄式的防護行頭，醫生購買器材的原則也產生很大改變。早年大家購買手持醫療器械時，會挑轉速高、性能好，但價錢很貴的器械；但是，在高溫高壓消毒過程中，器械很快就會耗損，牙醫界採購器械的想法開始從「耐久材」的觀念，轉變為「非耐久材」，採買比較不那麼貴的機種，一旦耗損了就換掉，以因應新策略帶來的成本壓力。

這樣的轉變經過了一段陣痛期，但慶幸的是，台灣的牙科院所在業務沒有停頓的前提下，完全沒有發生感染危機。而這套守則，也被奉為之後整個行業的標準動作。

普篩的風險

二十年前牙科在愛滋病感染控制的經驗，跟 COVID-19 防疫的過程，是有相通之處的。

綜合各防疫策略，不外分為三大項：一種是「醫療」，一種是「檢測」，另一種則是「檢疫跟隔離」。比如巴西就採用醫療為主的策略，有病再醫，剩下的不管，希望能夠自然達到群體免疫；而檢測則是透過篩檢，把病患篩出來；而隔離與檢疫，則是把可能有風險的對象暫時隔離起來，這也是台灣防疫政策的基調。

但整個防疫過程中，一直存在各種「要不要普篩」的聲音，特別是針對入境者的普篩，更是吵翻天。普篩支持者認為：「檢驗最科學！」「為什麼要省這個（檢驗的）錢？」「驗了不就可以把有問題的都揪出來嗎？」「有問題的可以早點去治病，其他沒問題的就不必關了啊！」

乍聽之下好像很有道理，但為什麼我們一直不用「檢測」做為防疫核心呢？

大家只要回憶鑽石公主號上發生的事，就可以想像，以檢測為主的防疫政策，可能會引發多大的風險。而導致風險的癥結，就是因為總會有部分檢測不出的漏網之魚。

當初鑽石公主號的做法是，經檢測為陽性的人送到醫院，陰性者則回船上。但是，顯示為陰性的人其實有可能轉為陽性，一旦回到船上，又會把病毒傳染給其他真正陰性的人，最後，一整艘鑽石公主號就好像變成一個感染庫，永遠沒完沒了。

我們的做法是，由機場入境的旅客，若出現症狀，就立刻送去檢驗，這個關卡大約可以篩檢出百分之五十的感染者。

倘若實施入境普篩，則不論有無症狀，一律送去檢驗，大約可以再多篩檢出百分之十五的感染者。也就是說，如果有一百人是感染者，透過篩檢，可以檢驗出六十五人，但是，終究會有三十五個沒驗出來的感染者進到社區之中，帶來風險。

而我們所採的「居家檢疫」，則可大幅降低這種漏網之魚造成的風險。

只要十四天居家檢疫能徹底落實，就可以做到縱使有感染者，也不會脫框。以先前那一百個感染者的例子來說，不管是那十五個無症狀但能夠被篩檢出的感染者，又或是那三十五個無症狀又尚未能驗出的感染者，其實都沒有差別，反正都被框住了，不會對社區造成風險。

多做不一定更好

即使如此，還是有人說：「部長，你還是可以做入境普篩啊，然後再居家檢疫十四天，雙重保險不是更好？」「多做一步多一些安心啊！」

其實，有些事真的不是多做一步更好，而是多做一步反而有害。

試想，那百分之三十五偽陰性的人若檢查出來是陰性，卻還是規定他居家檢疫十四天，他一定會忿忿不平道：「我明明沒病，為什麼關我？」即使費心跟他解釋可能會有潛伏期，但這時候在「心態」上，已經跟不知自己是陰性或陽性的人完全不同了。

大多數的人，應該都不會心存害人之意，若在不確定自己是陰性或陽性的情況下，一般來說都會願意配合，暫時犧牲自己的自由；但是，如果他拿到了檢驗陰性的「證據」，卻勉強配合政策做居家檢疫，若遇到什麼稍微緊急一點的需求，脫框的機率就會大大提高。他的想法會是：「反正是陰性，不會怎麼樣的。」這其實是人之常情，無可厚非，但卻會讓社區蒙受極大風險。

居家檢疫的脫框率，五十人中大約占百分之零．三，只要那百分之三十五偽陰性的人裡，有百分之五脫框，就比這個脫框率高了。

這就是不做入境普篩的原因，多篩不但沒有意義，反而大幅提高了偽陰性者的脫框率。到頭來，反而因為檢驗造成防疫破口。

還是有人說：「那不然就先隔離十四天，十四天後再篩呢？」

這講法乍聽確實滿吸引人，對啊，這樣不就更保險了嗎？但把這建議提到專家會議中，每次都被眾專家否決掉。因為從目前的各種證據顯示，所有報告都明確指出在發病後十天，縱使還檢驗得到病毒，基本上已經沒有傳染力了。此時再去驗，即使驗出來，也沒有意義。

總而言之，居家檢疫只要能做到一百分，不管前驗、後驗，其實都沒有意義了。做檢驗的唯一目的，就是為了「醫療」，把有病的找出來，趕快送去醫治，避免惡化，所以只要有症狀再去篩檢就好；至於那些沒有症狀的，就算有感染，但並不影響健康，也就沒有醫療的必要性，要求他隔離到足夠時日，自然就不會造成威脅。

我要再次強調，檢驗的目的，是為了讓患病者得到醫療；若目的是防疫，則只有落實隔離一途，才能夠有效降低風險。

比較理性的期待為，是不是可以透過篩檢，讓檢疫的時間變短呢？換句話說，倘若病毒量在X值以上，就必須醫療或隔離，若在X值以下，已無足輕重，就可以放行。問題是，在疫情前期還很難做到精準的定量，當時做篩檢連陰陽性都存在誤差，遑論定量。

倘若技術進步，準確性跟穩定性都提高到可信賴的地步，定量的篩檢才會比較有意義。

愛滋病感控的體悟

為什麼說在 COVID-19 的防疫，跟當年做愛滋病的感染控制有許多相通之處呢？這兩件事的道理其實是一樣的，都必須認清幾個事實：

1. 無法檢驗出所有的陽性。
2. 檢驗本身存在誤差。
3. 檢驗的時機會影響結果，愛滋病跟 COVID-19 都有潛伏期，會造成偽陰性的漏洞。

所以，寧可全面防護，假設所有人都有可能造成風險，所以用居家隔離、戴口罩、勤洗手這些策略來徹底防護，道理就跟愛滋病感控的策略是相通的。

當年在做愛滋病感染控制時，大家一開始也把重心放在「找出病人」上，一度也以為只要檢查陰性就很安全。但事實上，想要找出所有病人，真的是不可能的；加上疾病還有潛伏期，就算檢測出來是陰性，並不代表真的沒有被感染，這不就是面對 COVID-19 時的處境嗎？

大家一定要認清，檢查是有局限性的，不能只把精力放在檢查方面，而是要把所有人都當作有這個可能性，防護周到，風險自然就能降到最低。

因為愛滋病感控的體悟，我們不會想用普篩來找出所有患者，也不會在健保卡上註記，因為這些做法徒勞無功。已經有太多以篩檢代替檢疫的國家，最後防疫效果都不彰，為什麼還要重蹈覆轍呢？

普篩最大的問題在於：它讓民眾產生一個錯覺，以為我們很安全，因為有問題的都被篩走了，所以掉以輕心，不做防護，這才是最大的防疫破口。

那麼，為什麼要一直到五十六天零本土確診以後才解封（二〇二〇年六月七日解封）呢？目的就是要「洗」四次（四個十四天），都沒問題才來談解封，這時候縱使還有漏網之魚，傷害量也非常低了。

不管是愛滋也好，COVID-19 也罷，面對病毒這種難以捉摸的敵人時，全面篩檢並無意義，唯有全面防護，才是釜底抽薪之道。

第五章 ● 推動牙醫總額預算，貫徹專業自主精神

剛開始參與社會事務時，我主要集中力量在牙科公共衛生的領域，對於牙醫界推動勞保改革，比如說，走上街頭抗爭之類的實質參與比較少。不過我在牙醫界算是相當活躍，也在《牙橋》雜誌上提出過許多個人的觀察與建議，這些都成為我日後積極推動牙醫總額預算制度的基礎。

談論總額預算之前，先來談談勞保改革*前的背景。

早年的勞保是採「擇優特約」的方式†，但特約院所的數量非常少，僅讓極少數診所承辦勞保業務，且計價方式是「論單計酬」；也就是說，無論治療什麼症狀，一張勞保門診單就可以領一次給付。於是，就形成兩個弊病：

1. **醫療零碎化**

因為論單計酬，單子愈多，分到的給付也愈多，所以就算一次能處理完的毛病，還是要病人跑很多次診所。

比如說，病人有五顆蛀牙，診所不會一次補齊，而是一次只補一顆，病人就得跑診所五次；又或者病人牙痛，醫生不會選擇徹底治療，而是先給一些鎮痛的藥物、塗暫時填補的東西，折騰很多次才處理好病人的問題。不但造成醫療資源浪費，也損害病人權益。

業界甚至還出現教醫師如何說服病人多來幾次的話術教學；更扭曲的是，勞保門診單簡直變成了一種有價票券‡，竟然有些公司經手勞保業務的人，還把勞保門診單拿出來賣。

* 一九七〇年，勞保的醫療門診給付上路，雖然嘉惠許多被保險人，但因為論單計酬，後來也衍生出「檢查多、施藥多、住院多」等浮濫問題。

† 勞保特約醫院是依照特約辦法公告徵求，各地區根據投保人口，有不同的名額限制。所有醫療院所可以根據公告資格申請成為特約醫院，申請之後，勞保局會派員前往審查，根據資格與所需數量做選擇。

‡ 有的單位為求省事，勞保門診單一領到就直接發給員工，當時有許多地方可拿勞保門診單換贈品，員工可能會直接拿去換這些東西，等到真正要看病時，還得再拿一次勞保門診單。

2. 利益分配不合理

因為特約診所壟斷了勞保業務，很多病人都集中在這些特約醫療機構，其他醫療機構的病人就比較少。

於是，對診所來說，爭取特約變成最重要的事，拿到特約，就等於是保障了病人來源。雖然不能一竿子打翻一船人，但很多診所一旦拿到特約，就一心只想著要如何申報以獲取最大利益，根本不思改善醫療品質，最後造成劣幣驅逐良幣的問題；而且，診所在爭取特約的審查過程中，也容易衍生各種弊端。

正視牙科弊端

若要解決前述這些弊病，一方面要開放勞保，打破壟斷特權；另一方面，則必須推動以「專案制度」（類似於現行的包裹給付）取代「論單計酬」。舉例來說，病人來補牙或做根管治療，不管前後跑多少次，都算是一個「專案」，就按照這個專案項目來給付費用。

經過倡議，政府也逐漸認同這樣的想法，但遲遲無法完全落實，大部分還是論次計酬，即使是健保實施之初，牙醫界還是習慣「衝量」。

而且，已經努力多時的口腔保健運動，牙醫界竟然出現反彈的聲音。原本牙醫界是支持口腔保健運動的，但是，後來竟然有些醫師跟我反映：「這樣推廣雖然很好，牙醫師的社會形象也提升了，可是，如果大家都很會保健牙齒，以後我們就沒有病人了。」

在我看來，這樣的擔憂是多餘的，絕不可能僅因為保健觀念提升，就能徹底消滅掉疾病。但是大家如果一直有這種疑慮，願意做疾病預防的空間就會愈來愈窄。

而能夠創造雙贏的解套辦法，就是總額支付制度。

所謂總額支付制度，就是預先以協商方式，設定整個團體的費用「天花板」，訂定未來一段期間內的健保醫療服務總支出。至於這筆支出要怎麼分配，則由團體內部做決定，如此一來，就能夠刺激團體的專業自主精神，願意在重要的醫療行為或預防上多做一點努力。與此同時，團隊成員的收入也不會受到影響，對病人來說也是美事一樁，因為當團體願意投注心力在醫療品質上，病人自然可以享受到更好的醫療服務。

我當時出任台北市牙醫師公會理事長，健保上路沒多久，我就啟動團體內部的討論，想推動總額預算制度。

我在理事會提出這個想法，一片譁然，沒有任何一位理事認同這個理念。好多人都說：「理事長，大家現在都努力在爭取費用，你怎麼反而跳出來要『限制』費用？這樣不行啦！」「我看你人巧巧（聰明），怎麼提出這麼憨的建議？」

雖然大家都反對，我還是積極推動。我覺得大家之所以反對，是因為缺乏了解，一聽要設一個天花板，就認為會傷及權益。我跟大家說，無論如何，還是先來討論看看，比較利弊得失，再做決定不遲。

後來，大家約定每週四晚上開會討論，每次大約從十點半，一路討論到凌晨三、四點，足足討論了一年，經過不斷辯論、修正，認同者慢慢增加，愈來愈多理事認知到，這其實是可行的方法。

雖然耗費了一年時間，但我覺得這個過程是很有意義的。經過反覆討論，大家不僅在觀念上更加清楚，也比較有共識，這些都會成為日後成功推動總額很大的助力。

為理念發聲

因為要推動總額的理念，我決定參選牙醫全聯會的理事長。

在那之前，全聯會理事長大部分是透過默契協調產生。牙醫界原本是論資排輩，由全聯會的三個會員公會指派代表輪流出任，我跳出來選，等於是打破了這個潛規則，阻力當然很大。

我是立場旗幟分明的人，不打模糊仗，在選舉中，我把想要推動的事情，不管是在口腔保健、醫療品質、總額支付等各方面，全都講得清清楚楚。我的想法很單純，你若認同我，就選我；若不認同我，就不要選我。

雖然過程吵得沸沸揚揚，但結果我以一票險勝，成為全聯會的理事長。

在準備要向政府提出總額方案時，我對同仁說，如果是我們單方面執意要做，跟政府談判的籌碼就會很少，應該要順著「政府也想做」的氛圍去做，才會有談判跟協調的餘裕。

有一次，遇到當時的衛生署署長張博雅，我藉機提到：「看起來總額預算好像很有意思，能不能討論一下？」

其實，原本健保法規劃方向就是總額預算制，但這在當時還是比較理想化的觀念，也沒有人認真想過到底能不能做，於是就一直擱著。既然我起了這個頭，張署長當然很感興趣。

後來張署長指派了楊漢湶處長、李玉春老師來跟我們一起做規劃報告，我們也立即展開全國的協調會。全聯會的六個會務人員全台跑透透，前後大概開了幾百場協調會。當年交通可沒有現在方便，只能搭客運南來北往開會，開完會就在車上補眠，接著趕往下一個地方繼續開會協調，非常辛苦。

結果不出所料，大多數地方公會都跟台北市一開始一樣，幾乎都持反對意見。不過，我並不覺得浪費時間，反而認為這過程非常可貴，可以聽到各種不同意見在會議中論辯激盪。這些討論，都會幫助我們把規畫做得更細緻周全。

漫長的「同心」之路

歷經無數次溝通，總算催生出推動計畫，政府也於一九九六年依法成立費協會（全民健康保險醫療費用協定委員會）做為平台，跟我們進行討論。接下來又整整討論了一年多，一九九八年費協會決議通過牙科做總額預算制，大家都很興奮，歷盡千辛萬苦，總算盼到開花結果了。

不過，我反而站起來踩煞車：「等一下，很感謝費協會通過牙醫總額支付制度，但我們還沒有決定一定要做。」

此言一出，費協會委員面面相覷，錯愕的說：「當初就是因為你們想做，才進行這些討論，好不容易通過，你又說不一定做，什麼意思？」

「總額支付制度關係到整個牙醫界，會影響所有牙醫師的生計，在還沒有談清細節之前，絕對不能通過就馬上去做。」我誠懇的解釋，「倘若你們能給我們百分之十以上的成長率，我現在就可以答應；但假設只有百分之八以下的成長率，對我們來說就很困難。在還沒談定成長率之前，我如何跟你保證能不能做呢？」

費協會委員覺得我的話也不無道理，於是就決定先討論成長率。關於總額的成長率，其實，在這之前內部就已經討論過了。當年整個健保的成長率約是百分之十二至十三，因此內部初步結論是：如果總額的成長率超過百分之八，就不妨來做；若低於百分之八，則不能做。

不知道消息是否走漏了，當時的健保局總經理葉金川提給我的成長率數字竟然就是百分之八！

這讓我有點為難，我們的結論是超過百分之八要做，低於這個數字不做，那剛好百分之八該怎麼辦？

我與理事們討論，最後同意用百分之八的成長率來做總額。費協會很高興，現在萬事俱備，總可以上路了吧。不料我再度喊卡：「不行，不能貿然就這樣做下去。」

費協會長官們再度傻眼，這個陳時中怎麼這麼「盧」？但是我有我的考量。

我認為，如果未經充分溝通就貿然去做，可能會出現兩種狀況：其一是最理想的情形，大家因此遵循專業提升品質，並將費用控制在一定範圍內；但也可能出現另一種狀況，那就是集體壟斷：反正這筆錢屬於牙科這個團體，就隨便花用。

為了降低第二種情況的風險，不能趕鴨子上架，一定要經過充分溝通，讓多數會員有共識了再執行。台語說，大家要「同心」，效果才會好。如果用政府的力量，勉強眾人去做，最後收效恐怕不彰。因為總額雖然限制了整個團體，但未限制到個人，若無共識，許多人可能還是會選擇繼續衝量。唯有大家清楚要做的是什麼，才會有好結果。

後來，全聯會決定採用比較高的標準，要求一定要二分之一會員出席會員大會，並有三分之二出席會員通過，才要執行。

早在召開會員大會之前，我們先在南投開了一次三天兩夜的會，目的就是為了尋求做總額的共識，同時討論管理重點、實施方向，以及合理的分配方式。我自認算是滿喜歡開會的人，但那一次的會議也讓我筋疲力盡，最後得到的結論只有兩個：一個是要繼續抓密醫，這跟總額毫無關係；另一個則是支付表要怎麼調都沒關係，但是所有給付項目都只能調升，不能調降。

經過這麼冗長的會議，共識怎麼會這麼少？不過，儘管如此，我仍然覺得開會是有必要的。有共識固然很好，沒有共識，也有意義，至少知道大家心裡在想什麼。

對於困難，我早就有心理準備。要推動一件有爭議的公共事務，本來就沒有這麼簡單，若結論這麼容易產出，要領導者何用？

其實，這也像是一個小型責任政治的縮影。當一件公共事務牽涉層面很廣時，本來就會有各種不同的聲音。這時候，就需要一個領導者或領導團體去承擔責任。既然出來做理事長、做代表、做理事，就有責任在這關鍵時刻挑起責任，完全沒有旁貸他人的餘地。

經過很多討論，大家決議以「時間」、「風險」和「專業」這三個指標，做為支付表調整的基礎，以此為根據，我提出了「病人優先」、「品質優先」和「弱勢優先」這三個原則。

1. **病人優先：**當病人權益和醫師權益有衝突時，選擇站在病人這一方。

2. **品質優先：**價格或許會變動，但無論如何變動，品質一定要維持住。

3. **弱勢優先：**最初指的是在資源分配上，不能只獨厚大科別，針對比較弱勢的小科別（比如口腔病理）也應該予以重視，才能讓整個醫療的藍圖更為完整。而後來，弱勢優先的定義更擴大為應該要考量弱勢病人的權益，我覺得這個延伸也很好。

雖然凝聚共識的過程很漫長，但是一步一腳印，總算慢慢拼出了牙醫總額的雛形。

因為要不要做總額是非常重大的決定，最後召開會員大會時，採用記名投票來表決，希望大家都能鄭重面對自己的責任與決定。

我記得在北醫召開會員大會那天，一大早反對派的會員就找了很多人來掛白布條，上面寫滿抗議標語。那場會議就像馬拉松一般，從早上九點開到晚上九點，後來總算是通過了。牙醫界隨後發表「牙醫總額預算宣言」，這一次，才算是真正拍板，要「撩落去」做牙醫總額了。

總額終於上路

不過，反對派並沒有屈服。他們在立法院發動了三十幾個立委，公開杯葛總額，弄得衛生署也很緊張。對此，我倒是冷靜看待，我告訴長官，他們若有充分的反對理由，的確應該讓我們知道，但是他們提出的其實都不是合理的理由，我們還是要貫徹到底。

然而，開始做總額的第一個月卻是非常慘烈。業界私下流傳一個說法：「以前有政府在管，但現在沒有政府在管了！」所以大家瘋狂申報，報上來的醫療費用非常失控。牙醫界看到這種狀況，也人心惶惶，擔心點值*不知道會掉到什麼程度。

* 醫療機構提供的所有醫療服務，都可換算成某個申報項目，並對應到一個點數。在總額預算制度下，每點支付金額採回溯性計價方式，點值的計算是由預算總額除以實際總服務量（點數）而得。

數字出來以後，當時反對最力的省公會立刻來理論，理事長很不客氣的指責我：「早就跟你說行不通，你偏要硬做，你要負責。」

老實說，我一時也想不出要怎麼「負責」，但我豪氣干雲的跟省公會理事長說：「不要緊，你既然不滿意，之後要是點值不到一元，由我來賠，我幫你補到一元。」他聞言反而嚇了一跳，我接著說：「但是為了公平起見，如果有超過一元，就要給參加的會員賺，這樣才公平。」

他們聽了，反而躊躇了，連忙說：「不行，我們討論一下。」最後他們不接受：「健保支付標準表是你們訂的（當時授權公會決定）、審查也是你們在審，資料也在你們這裡，你們要『喬』到一元不是難事，這樣我不是穩輸？」

我語重心長對他說：「做總額，是表現團體專業自主的機會。你不敢跟我賭，是因為你認為光是我就有能力可以控制這一切。在大家不願彼此合作的情況下，你都認為我有這種辦法，那如果大家好好合作，是不是更可以在合理的前提下，把總額做起來呢？」

省公會也被我說動，就同意攜手來做看看。第二個月起，在各個分區討論中，大家就不再持放任的無政府心態，而是真的從專業眼光來擔起責任，認真討論總額該怎麼做，第一個月的亂象後來也沒再出現過。

總額上路後，第一季結算下來，只有台中的點值不到一元，其他地方都遠遠超過一元，牙科的總額預算，總算是穩住了腳步，之後就愈來愈順利，真正實踐了專業自主的精神。

創造三贏局面

為什麼我會這麼強調，總額能夠反映專業自主的精神？

實施總額以前，不管是給付也好，支付也好，原本都由政府決定要給病人多少服務，也由政府決定要怎麼分配給專業團體。政府的出發點當然是好的，但是這中間有很多「眉角」或「盲點」是政府看不到的。而專業團體跟政府建議時，總是隔了一層紗，政府對我們也有防備心，難免會提防我們是不是想占便宜？會不會巧立名目增加成本？

但是有總額以後，反正天花板已經訂下來了，雙方就沒有必要這樣攻防，我們也可以從專業判斷來決定資源如何使用，把心力放在支付表該怎麼改善、怎麼管理。

舉個例子：早期牙醫拔一顆水平的阻生牙，給付是一千元，比較簡單一點的大概是五百、八百不等。因為拔阻生牙非常麻煩，也考驗技術，給付這麼低，牙醫師普遍都不愛拔，盡量只幫病人沖沖洗洗，或用止痛藥、抗生素壓下症狀，如果症狀嚴重，就切開引流，再開藥給病人，暫時控制住症狀。

牙醫診所開藥，政府給付三百；切開引流，政府給付五百，加起來的費用就比拔牙高了。

病人其實都怕拔牙，既然醫生沒說要拔，病人也樂得接受。但是追根究柢，這對病人來說絕非好事。那些處置治標不治本，拖到最後，牙床的骨頭很可能都被破壞了，甚至還會影響到無辜的第二大臼齒，還是不得不拔，等於先前診療的費用都浪費了。更糟的是，病人權益還受損。

政府一開始採取的策略是「限制支付」，規定除非有特別的證據證明必須做切開引流，不然不能申報，而且同一個病患只有第一次可以報，接下來一個月都不能再報。但上有政策下有對策，醫生還是可以用潰瘍之類的名目申報，問題還是沒有解決。

而我的方法則是「提高支付」，最初提高到一千五百元，效果還是不大好，大家仍然不願意拔；等提高到三千至三千五百元時，誘因足夠了，大家這才願意拔。

表面上看起來，支付費用好像增加了三倍，但一年後統計下來，整體在智齒上花費的預算反而減少很多，更不用說這還省下了第二大臼齒被影響造成的醫療開銷。

這是三贏的局面，對政府來說，省了很多錢；對醫生來說，得到合理的費用，也讓許多原本可能不擅拔牙的醫生，願意磨練拔智齒的技術，提升自己的專業；對病人來說，痛苦也減少很多，既然終究免不了一拔，何必前面刷刷洗洗徒增痛苦？

再舉一個例子：早年補牙多採用銀粉，很少用樹脂。那時候的樹脂抗磨耗的效果的確是沒有銀粉好，但主要還是因為價錢，銀粉的價格要比樹脂便宜多了。到了我執業的時候，樹脂的抗磨耗效果已經改進得很好了，可是政府還是設下許多限制。比如說，前牙可以用樹脂，後牙不行、先前用銀粉補過的牙齒，若沒有壞，就不能改填樹脂，必須要換過很多次銀粉以後，才能改用樹脂填補……等。

我的想法是：用銀粉來填補畢竟有礙觀瞻，明明樹脂比較好，為什麼不用呢？我認為應該直接開放。葉金川總經理一開始表示反對，理由是這樣一來就會增加成本。但是做了總額以後，牙醫業就可以根據專業的判斷，選擇開放這個項目。

回歸專業，合理化給付

在推動總額之初，牙醫界反對的理由是：為什麼要設一個「天花板」來「限制」大家？

我總是苦口婆心跟大家說，其實，「天花板」始終存在，就算沒有實施總額，政府心中仍然有一把尺，用這把尺衡量優先次序，做各種費用的調整，那就是政府自己的「天花板」。當所有科別一起競爭資源時，當然就會有所謂預算排擠效應。牙科同業認為很重要的項目，排入整個醫療的「大海」時，就會顯得相對沒這麼重要，如果牙科沒有自己的總額，就會被其他「更緊急」的需求擠下去。

我記得第一年跟政府說根管治療的給付要調高，講得頭頭是道，政府也認同這真的很重要，最後還是沒調高，原因是那一年要調ＩＣＵ（加護病房）的費用；第二年重提，但政府當年調整了重症的費用；第三年又提了一次，那一年調整的是燒燙傷，牙科的項目再度被擱置。

牙科的項目沒有調整，當然令人失望，但完全沒辦法抗議，畢竟ＩＣＵ、重症、燒燙傷等項目確實都很重要。可是在牙科的科別中，許多事務也必須推動，才能促進國民的健康。所以，必須把「隱性的總額」變成「顯性的總額」，在牙科獨自的專業領域內來安排輕重緩急。

以根管治療為例，我醫學院剛畢業時，是按照勞保門診單給付，許多診所都有已經清洗了五、六十次還沒完成封填的病人。後來統計，勞保時期，做一顆牙齒的根管治療，平均得去診所報到十二．八次；後來健保推動專案制度（包裹支付），平均大概只有一次多而已。

雖說統計上有誤差，因為健保只有頭尾給付，中間沒有付，所以統計起來次數相對偏低，但就算是多了一倍，也只有四次，遠比十二．八次低，同樣是幫政府省錢，也幫病人省時間。

至於給付，現在根管治療是一千多元，比較複雜的可能會到幾千元，比以前高，但相對於國外動輒兩、三萬元的費用，真的很便宜了。

而且，並不是一味的調升，沒有調降。以X光片來說，以前教學醫院會幫病人照十六張X光片，但是診所比較少這樣做。診所覺得教學醫院太浪費了，明明沒有必要，為什麼非得照這麼多張X光片？但教學醫院則覺得這樣做比較「完整」。

後來我們做了一個決定：把拍X光片的費用從一百二十元調降到四十元，讓照片子不再有任何「賺錢」空間，大家就按照病人的狀況，評估應該要照多少張。我提出時，健保局原本還很擔心：「那萬一不夠怎麼辦？」最後並沒有發生這個問題。大家可以回歸專業，合理化給付，並按照實際狀況，決定要採取何種醫療措施。

「自願役」與「義務役」

牙科做總額的經驗，算是相當成功，後來衛生署也亟欲把這個成功經驗複製到西醫上，結果卻不如預期。有人很不解的問我，怎麼你們推動總額能成功，西醫想跟進卻出現這麼多爭議呢？

我回答，如果以當兵來譬喻，牙科是「自願役」，當初自己跳出來說要做，花了無數心力做內部溝通，基礎相對比較好；而西醫則是強徵的「義務役」，共識的基礎比較薄弱，爭議當然多。

而且，牙科做總額，並不是從頭到尾都順風順水，中間也波折重重。但是我們非常強調溝通與內部共識的凝聚，光是會議紀錄，就有厚厚的兩大本。大家在整個過程中，經過這麼多討論、辯證、折衝，自然想得比較清楚。

我當理事長時，對內部的要求算是很嚴格的，我也不會說什麼客套話，看到有問題的地方，都會清楚提出來，要求大家提出改善方法，也會持續去追蹤大家有沒有照承諾去做。

當時我的作風雖然強勢，但其實我從來沒有想要去「處罰」誰，也沒想過要去強力「辯倒」誰。台灣有句話說「辯贏不是贏」，是很有道理的，要讓人服氣，不是用雄辯，而是要拿出可以被認同的說法。我深信大家終究是理性的專業團體，應該可以透過討論來找到解決方案，只要能夠講出清楚的道理來，相信大部分人都會願意朝這個方向去做。

在總額的天花板下，大部分的問題其實不脫「分配」或「重分配」這兩大範疇，之所以花這麼多時間溝通，就是要討論出為什麼這樣分配的理由，如果這些理由都有基於專業的道理支撐，成員自然比較能夠接受。

為了讓總額的實行更順暢，我卸下全聯會理事長後，每週三還是去跟他們開一整天的會，討論總額的相關事務。此外，也會去各分區委員會和大家討論要怎麼做。我一直覺得，溝通和資訊透明，可以幫助大家把事情做得更好。

後來我在面對 COVID-19 的防疫時，也秉持同樣的態度，希望透過各種專業的討論，把道理講清楚，讓大家一起堅定朝對的方向走，我想這些領悟，應該是當年推動總額的過程中，最寶貴的收穫之一。

民間好友談陳醫師

他讓台灣跟世界不一樣

闕玲惠　牙醫師

雖然陳時中在公部門擔任政務官已久，但牙醫師闕玲惠還是稱他為「陳醫師」，不是「阿中部長」，也不是「指揮官」。因為「陳醫師」這個稱呼用了太多年，已經叫慣了，改不過來，也沒必要改。

三、四十年前的台灣，牙醫這個行業良莠不齊，密醫橫行，也缺乏一套嚴謹的標準作業流程。一九八三年底，美國馬里蘭大學牙醫學院院長律詩（Dr. Reese）接受教育部邀請來台考察牙醫學教育後，甚至在考察報告中直言：「台灣的牙醫學教育落後歐美國家一百年！」

這個說法，聽在一心想改造牙醫業的陳時中耳裡，無異是當頭棒喝，他必須要更努力做些什麼，才能夠翻轉這個行業的形象。

一九八七年，從台大牙醫系畢業的闞玲惠，自美國習得最新的牙醫技術歸國後，陳時中便邀請她到自己的診所工作，希望能夠習得最先進的專業。

闞玲惠對陳時中的第一印象是：誠懇、上進，可以像海綿一樣吸收新知，於是她便接受了這個邀請。

加入陳時中的診所以後，她發現診所同事跟助理都相當「怕」這個老闆，儘管陳時中從不凶人，「但你看他長那個樣子（笑），加上性格內斂，在診所也很少講話，大家當然覺得有點可怕。」

有超強技術傍身、性格又爽朗的闞玲惠，大概是整個診所唯一不「怕」老闆的人，「當時也在診所工作的王醫師曾說，只要我不在的時候，整個診所就是一片靜寂……」她笑說。

闕玲惠表示，做為朋友，陳時中其實是很真誠溫暖的人，往往有求必應；但他做起事來，極其認真嚴肅、高度講究執行力，加上他對數字有一種直覺式的精準，所以跟他共事的人多少都會有種「緊張感」，「做錯了，他不會罵人，就是那張臉不太好看，所以大家很自然的都不想在他面前出錯。」

只做牙醫太浪費

對闕玲惠來說，陳時中從民間走進了公部門、做眾人之事，其實是「適得其所」。

若純粹只從牙醫技術的角度來看，她幫陳時中打的分數是「八十分」。她笑說，像自己這類出國深造學醫的人，通常會卯足全力鑽研醫術，希望牙醫專業能夠臻至九十五分，「我們求的是『精』，其他方面可能都是零分；可是陳醫師求的是『廣』，除了各個層面的臨床醫術以外，整合、協調、談判、決策等各方面若都能達八十分，就遠遠贏過只有單一能力九十五分的人。」

「他那個人只做牙醫太浪費了，大材小用。」闕玲惠表示，儘管做一個單純的牙醫，可以提供家庭更多的經濟資源，壓力也不會這麼大，但卻無法滿足陳時中的抱負，「他是一個想要改變社會、做大事的人，所以才會投入這麼大量心力參與公共事務。」

當時牙醫業大環境很惡劣，但這個團體裡的個人都認為自己太渺小，哪有力量去「翻轉」一個產業？但陳時中卻跳出來，說服大家一起來參與這場改變。他覺得，每個人只要去經營自己擅長的那一小塊就好，比如說，像闕玲惠這類具備領先技術的專業醫師，就負責做巡迴演講，教育牙醫師提升專業；有撰稿出刊能力的醫師，就負責出版牙醫界雜誌，「大家做自己會的東西，就會覺得好像沒這麼難。而把每個人貢獻的一小塊都加起來，就會讓這件事情看起來有點分量。」

「陳醫師很有理想，但是他非常務實，不打高空，都是從『可行的』目標開始做起。」闕玲惠表示，陳時中從來不設定過高的目標，都是「先求有，再求好」。

以潔牙運動為例，一開始規模也很小。陳時中當時是台北市牙醫師公會理事，與北醫同學賴弘明等人選擇到國語實小做 pilot study（先導研究），針對小學生和老師進行潔牙教學，接著評估效果，根據研究回饋再來不斷調整，並不是看到國外有什麼做法，就直接照搬回台灣施行，最後終於得到教育部的認同，收錄進國小教科書裡。

一開始，資源窘迫，陳時中凡事都親力親為，就連借場地、排桌子、安排動線這種小事也跳下來做。等到事情略具眉目，再逐步擴大規模成為全國性的國小潔牙運動。

闕玲惠回憶，當時要做潔牙觀摩，除了學校師生以外，計畫還牽涉到台北市教育局、台北市衛生局，為了爭取經費，必須去跟衛生署溝通，經費若是不夠，還要去跟廠商爭取贊助，「這時候，就可以看到他協調整合的能力有多出色。」

從最小處開始累積能量，讓影響力慢慢擴散，讓更多牙醫師逐漸認同，之後才是推動牙醫總額預算，逐步達成翻轉整個產業的終極目的。「他很有意志力，只要最後可以達到目標，他不怕要拐一大堆彎。」

了解人性，追求多贏

在闕玲惠的觀察中，陳時中另一個「務實」的面向表現在：「他了解人性，而且接受人性有各種面向。」

陳時中曾經跟闕玲惠分享過一個「三分之一理論」：在群體中，有三分之一的人，無論有沒有規定，都會做正確的事，比如說，幫病人看牙齒，他們一定會按照正規步驟來；而有另外三分之一的人，則不管訂出什麼規範，他們可能還是會投機取巧；至於另外三分之一，則是只要有良好規範或有誘因，就願意好好做，「我們要努力改變的，就是這最後一種人。當三分之二的人朝正確方向前行時，社會的蹺蹺板就翻轉了。」

因為有這種基本認知，陳時中做事時，並不會有完美主義者的期待，也因此，遇到阻力時，比較不會被挫敗感淹沒。

陳時中這種對人性的理解，也展現在談判桌上。「他常跟我們說，『談判沒有全拿的』，我們要追求的是多贏，所以他不會整盤端走，會留點餘地給反對方。」

有一位跟著陳時中做總額的夥伴分享過一件往事，當初他們為了尋求總額的共識，到屏東跟當地公會理事溝通，現場砲火四射，有些人還跳起來拍桌子，指著他們破口大罵，甚至爆粗口。

換做是其他人，要麼怒不可遏，要麼灰心喪志，但陳時中卻從頭到尾都不慍不火，第二天，還打電話給罵最凶的那個公會理事，冷靜問他：「你們最想要的到底是什麼？」

「他最厲害的地方就在於：彷彿完全沒有情緒，而且，他也知道怎麼用對方的『語言』說話。」闕玲惠說，像自己這種處在學術象牙塔的人，講起話來可能就會讓人覺得有隔閡，但陳時中卻很「接地氣」，可以跟各種不同族群的人對話，去探究對方真正的想法。

在闕玲惠眼中，陳時中是一個「堅持核心價值」，但並不「堅持己見」的人，也因此，「他是可以做出相當大幅度的妥協和讓步的。」不過這種為了完成核心目標所做出的妥協或讓步，卻不見得能夠讓所有的「戰友」認同，「但以他的個性，即使被誤會，也不會特別去解釋什麼。」闕玲惠說。

許多年前，陳時中全力在推動總額的時候，有一天，他跟闕玲惠通話時，感嘆說，因為他做出某些妥協，有些當初認為他很有使命感的朋友覺得他「變了」，對他不甚諒解，甚至有人說：「你已經不是當初的陳時中了。」

陳時中心裡當然明白，這結果絕不完美，但總要先有一個雛形架構，之後再去修正。他帶著一絲自嘲的口吻說：「我現在看起來，可能全身內外都是『黑』的吧？」

闕玲惠正想要寬慰幾句，然而陳時中又接著說：「但是，我一直都知道，我的『軸』在哪裡，那是不會變的。」

這個「軸」，就是陳時中做任何事情的「初心」，也就是「讓台灣變得更好」的使命感。在總額那個案子中，連結向這個「初心」的長程目標，就是要「翻轉整個台灣的牙醫產業」，他可以為了完成階段性目標做出必要的犧牲，但是，事情一定要朝著最初設定的核心價值方向走。

為自己出征

COVID-19疫情爆發以後，身為衛福部部長的陳時中，親上火線成為防疫指揮官。闕玲惠不諱言，當時心裡其實很擔心陳時中會變成「炮灰」。雖說台灣有對抗SARS的經驗，但COVID-19跟SARS的差異還是很大。COVID-19影響更廣，防疫規模也遠比SARS大，情況已經夠棘手了，還有人等著要看他好戲，「結果，他竟然沒有變成『炮灰』，反而一戰成名。」

若要從事後諸葛的角度來看，擔任防疫指揮官的陳時中，跟過去擔任全聯會理事長的陳時中，在許多面向上是一樣的，同樣誠懇、謹慎、夙夜匪懈、相信專業，而且，總是善於聆聽，並極力謀求與立場可能互異的各路人馬合作，眾志成城去完成一件高難度的大事。

熬過了二〇二〇年，國際上疫情依然方興未艾，陳時中片刻也不得鬆懈，而除了疫情，還有各式挑戰等著他。看多年老友扛著這麼大的壓力賣命，闕玲惠坦言，欽佩之餘，也相當不捨。如果可以，還真希望他能多回家好好休息，「但我也知道，那個人是絕對勸不動的，所以也只能希望他多少照顧一下自己。」

大約三十年前，陳時中曾跟闕玲惠分享過一本名為《為自己出征》的書，和一篇短文，書和短文都是桃園一位簡姓醫師送的，「顯然陳醫師是對內容格外有體悟，才特別拿出來分享吧。」

那篇短文，內容是有名的倫敦西敏寺無名氏墓碑碑文：

在我年輕的時候，我的想像力無限，
When I was young and free and my imagination had no limits,
我夢想改變這個世界。
I dreamed of changing the world.
當我成熟、變聰明以後，發現我不能改變世界，
As I grew older and wiser, I discovered the world would not change,
我將目光縮短了些，決定只改變我的國家。
so I shortened my sights somewhat and decided to change only my country.
但國家也似乎無法撼動。
But it, too, seemed immovable.
當我進入暮年，我最後絕望的嘗試，
As I grew into my twilight years, in one last desperate attempt,
僅僅改變我最親近的家人，
I settled for changing only my family, those closest to me,
但是，他們早就不在了。
but alas, they would have none of it.

當我躺在床上，行將就木時，我突然意識到：
And now, as I lie on my deathbed, I suddenly realize:
如果一開始我僅僅去改變我自己，
If I had only changed myself first,
然後做為一個榜樣，我可能改變我的家庭。
then by example I would have changed my family.
在家人的幫助和鼓勵下，
From their inspiration and encouragement,
我可能為國家做一些事情。
I would then have been able to better my country;
然後誰知道呢？我甚至可能改變這個世界。
and who knows, I may have even changed the world.

那時，陳時中還不是「阿中部長」、還不是「陳指揮官」，他只是年紀輕輕的「陳醫師」。

當時那個陳醫師決定了，他要為自己出征、他要改變自己、做一個榜樣，然後，要為他愛的台灣做一些事情。

陳醫師有沒有辦法改變這個世界，沒有人知道，但可以確定的是，他真的為台灣做了一些事情，讓台灣跟這個世界不一樣。

03:00

第三部

邁向公職

第六章 ●
初入公部門，擔任救火隊

我很年輕的時候，就開始參與公共事務，不過，長時間都是在民間，從沒想過有一天竟然會擔任公職。

二〇〇五年的某一天，我突然接到當時擔任行政院祕書長卓榮泰的電話，表示有些事要跟我談談，想拜訪我。

我當時已從全聯會理事長退下來有一段時間了，但還是常帶領公會跟政府抗爭。我以為祕書長打電話的來意，是想跟我溝通那些事情，所以第一個反應是：「有什麼事情，在電話上說就可以了。」

但是卓榮泰祕書長很堅持要當面談，我也不好拒絕，於是我們約在全聯會見面。沒想到他竟然說，當時的行政院院長謝長廷，希望能延攬我到衛生署擔任副署長。

我非常驚訝，一時不知該作何反應，於是搬出我太太的名義，說這個決定很重大，要回去跟太太討論才行。

本來，我並沒有強烈意願要擔任公職，但是，跟謝院長會面時，他說了一句話，卻打動了我。

他說：「我知道你長期都在民間努力，你一定有你的看法跟理想，但與其在民間尋找資源，不如來政府做看看。」

過去，我比較為人所知的「事蹟」就是推動牙醫總額預算，談話當時，總額已經全面上路，牙科以外的其他科別也都開始採行，只是上路後遭遇了不少困難。他問我，是否可以試著努力看看？

長期以來，我在民間推動各項公共事務，當然免不了要跟政府打交道。過程中偶爾有合作，但多半是站在對立面，代表民間團體要求政府幫我們做事；如果有機會站在政府的位置來參與公共事務，這個挑戰確實還挺有吸引力的。

我回家考慮了兩天，決定接受邀約，到衛生署報到，這也是我從民間踏入公部門的開端。

初上任的燙手山芋

我一上任，就被交辦了一樁棘手的任務。

在談這樁麻煩任務之前，得先交代一下背景故事。二〇〇三年，SARS（嚴重急性呼吸道症候群）疫情爆發，對台灣社會造成嚴重衝擊，所幸這個疫情並未持續太久，在當年年底就被控制住了。

在SARS期間，行政院撥下一筆約兩百三十幾億元的預算，疫情結束後，大概還剩下五十六億元。消費者團體跟醫界為了這筆錢該如何運用，在費協會吵得不可開交。消費者團體認為疫情已經過了，既然沒用到，就不應該分配那筆錢；但醫界認為這筆錢本來就是用在醫療上的，應該要分，雙方僵持不下。

那時我還沒擔任公職，是費協會的資深委員。有一個消費者團體的委員對我說：「陳委員，你一向公正，不如由你來決定，你說能分就來分，不能分就不要分。」

問題是，雙方各執一詞，我也不便強勢決定該怎麼做，於是說：「你們先討論看看，一個月以後再來費協會報告。」

沒想到，一個月不到的時間，我的角色就出現大轉變，到衛生署當副署長了。原以為這個燙手山芋應該與我無關了，不料，當時的署長侯勝茂告訴我：「有一筆錢很難分，不如你來處理這件事。」

侯署長說的「很難分的一筆錢」，就是SARS期間剩下來的那筆預算。我注定躲不掉這樁差事。

我仔細想想，覺得醫界在SARS期間很辛苦，確實需要一筆錢來恢復元氣。尤其當年的「醫院卓越計畫」，讓無法躋身「卓越」行列的小醫院變得非常弱勢，這些小醫院的點值非常低，甚至不到一毛（卓越醫院的點值是一‧一元），但不少小醫院是有存在價值的，因此，我認為應該利用這筆錢，讓這些小醫院可以得到挹注。

所謂的「醫院卓越計畫」，是一個在後ＳＡＲＳ時代的支付計畫，基礎有一點像是個別總額，會給表現比較好的醫院多一點保障。簡單來說，能夠加入「卓越」行列的醫院，分配到的資源比較有保障，但是分完以後，其他小醫院就分配不到什麼資源了。

當年制定計畫時，曾到費協會來討論，專家學者跟消費者代表都很認同，只有我持反對意見。委員問我：「難得大家都同意，為什麼你不同意？」

我反對的理由在於：這個計畫有可能會讓一些小醫院活不下去。大家當然都希望所有醫院能夠努力，以進入這個計畫。但是，實際上大約只有六成醫院可以進來，剩下四成則被拒於門外。

這四成進不來的，多半是鄉村、小鎮等地區醫院，很多這樣的醫院是醫生回鄉服務，從很小的規模慢慢經營起來的，因此體質相對較弱，經營能力也沒那麼好，較難進入「卓越計畫」。但是，這些醫院對社區民眾來說，因為「可近性」高，是有存在價值的。

然而，無論我怎麼說，大家還是聽不進去，最後我只能說：「我並不是說這計畫不好，但這個計畫的結果，卻可能讓大家厝邊的好醫院倒閉。如果認清這個後果，覺得就算這些醫院被消滅也沒差，我也不再堅決反對；但是千萬不要等到執行以後，發現這些醫院倒了，又無法接受。」

遺憾的是，即使話都說到這個分上了，「卓越計畫」還是通過了，事後的確也帶來頗慘痛的教訓，才實施沒多久，計畫就喊停了。

我在著手分配那五十幾億經費時，有些小醫院的點值已不到一毛，搖搖欲墜，眼看就要倒了，我認為應該要利用這筆錢，讓體質弱但有價值的小醫院存活下來，繼續履行他們自己對鄉親的責任。於是，我提出兩大方向：

1. **弱勢優先**

大醫院雖然在SARS期間也有吃虧的地方需要補償，但在後疫情時代，必須以弱勢為優先，穩住他們的陣腳。我也下鄉去溝通協調，看要怎麼分配比較合理。

2. 提出「醫院最適方案」的計畫

當初政府找我來擔任衛生署副署長，原意是想要借助我推行總額預算制的經驗，幫助陷入窘境的全民健保尋找解套之道。我所提出的「醫院最適方案」是一個「個別總額」的方案，給每個醫院個別的額度，再從中做調整。這個方案的好處是：可以讓健保總額從「上限制」，轉換為有限度的「目標制」，如此就可以有效控制費用；而對於醫院來說，也仍有兼顧到公平性，讓分配更為健康。

不料，相關的各方主事者一聽到我要推行醫院的個別總額，都避之唯恐不及，就連健保局（組織改造後更名為健保署）這個衛生署轄下的執行單位也跟我意見相左。他們覺得只要用管理計畫就可以達到我的目的，不必再弄一個個別總額的計畫。

的確，不管是我推的「醫院最適方案」或是健保局的管理計畫，其實都是一種「個別總額」，但兩者之間仍有不小的差異：健保局審查的方式是「個別洽定」，依據過去的表現跟需要，設定一些指標來評定，醫院自己跟健保局談；

我的方法則不採行個別洽定，而是設計一個公式去計算。我的理由是：個別洽定難免會出現不公正的問題，採用公式計算，則比較能保障好的地區醫院。

有些醫院建議我強渡關山，但是我並不想要強推。過去做牙醫總額的經驗告訴我，大家要「甘願」，計畫的成功率才會高，此刻就連自家的執行單位都不贊成，執意執行未必能收到好效果。

後來，我們讓醫院來表決，看要採用健保局個別洽定的管理計畫，還是我提出的醫院最適方案，結果我的方案在六個分區全部被推翻。

之所以會被推翻，是因為只有地區醫院比較挺我的計畫，而那些自覺有籌碼跟健保局談判的大醫院，則傾向採用健保局的計畫。雖然覺得很遺憾，但現實如此，我也只好接受。

事後，有醫院來向我反映一些不合理的問題，畢竟這個做法可能無法反映現實的問題，許多醫院為維持在A級審查，經常得自己吸收部分支出，才能把申報數字壓低到額度之內，醫院來跟我抱怨此事，但我也愛莫能助：「我不是沒有努力，我也努力要幫大家推行另一個方案，但這方案是當初你們自己選的，就要自己承擔。」

至於那五十幾億的燙手山芋，因為我打出「弱勢優先」的口號，且嚴格說來，這筆錢真要分下去實在不算多，有些大型醫學中心覺得不值得花這麼多功夫爭取。最後大家總算勉強取得共識，同意分配給小醫院，算是順利完成任務。

理想很豐滿，現實很骨感

當時，健保已面臨第二次財務危機，我建議應該要調整費率，但這個主張在當時卻窒礙難行。

我還記得，有一次謝長廷院長來聽我們簡報，簡報結束後，我趁機攔住他問：「難道完全不考慮調健保費這件事嗎？」

謝院長拍拍我肩膀，語重心長的說：「別憨了。」

在當時社會的氛圍下，確實很難去做費率的改革。若強硬去做，只會吵吵鬧鬧，甚至有可能空轉個兩、三年，最後一步也踏不出去。所以在侯勝茂署長任內，還是走多元微調路線*，比較不會引起那麼劇烈的反彈。

但對我來說，這做法終究是治標不治本，只是把問題往後擱置，終究還是得進行費率改革，才能達到改善健保體質的目的。不過，政策方向既然已經確立，我的角色就是要做好充分的溝通，努力把署內的政策推行出去。

雖說「多元微調」的衝擊相對小，但還是得面對各界質疑的聲音。最難為

* 多元微調方案是指：在不調整費率的前提下，增闢多方面財源來增加健保收入。包括調高投保金額上限；調整軍公教人員投保金額占全薪之比例；公共衛生支出之法定傳染病、預防保健及教學成本等經費，逐年回歸由公務預算編列；拉大社區醫療與大型醫院門診之部分負擔比例；擴大代位求償範圍及提高菸品健康捐等。

的就是要到立法院跟委員報告，正式院會當然由署長親自出馬，但晨間會我們就必須參加，經常一大早就得去「挨罵」。

但無論委員態度如何，做為政務官，我的立場跟責任，就是要盡所能把政策說清楚、講明白。就算沒辦法讓他們認同，至少一定要讓人知道我們到底在做什麼、基於什麼理由必須這麼做。若大家都清楚政策內涵，卻還是不認同，也只能尊重大家的選擇。這就是民主社會運作的方式。

當家主事不容易

無論是處理「分錢」這個燙手山芋，又或者是參與健保相關政策的過程，都讓我感觸良深：要當家主事，真的不容易。

在民間參與公共事務，說到底還是比較輕鬆的，理想可以說得頭頭是道，最後是否能落實執行，壓力並沒有這麼大。在會議中，也可以自由提出各項改善「建議」；但是，進了公部門以後，說話行事都要更嚴謹，在會議中提到的「建議」，可能隔天就變成了「命令」，不可不慎。而且，在政府做事，無論如何，都必須要負責做出個結果來，但各方角力，每件事都有作用力跟反作用力，順了姑情就逆嫂意，實在很難。

若在地方政府，可能相對容易些，做得好可以說是自己的政績，做不好則可以說是中央政府不支持；如果身在中央，責任就無可迴避了。我擔任衛生署副署長時，因為是副手，責任可能還有緩衝空間，若是主官，所有責任就必須要一肩扛起了。

或許有人會說：「順著民意做事不就得了？」是的，民意的確非常重要，但民意如流水，來來去去，不能所有事情都僅憑一時的民意貿然下決策。而且，如果民意的比重是八二開，那還簡單些，大家都會選擇站在百分之八十那邊。問題是，很多事情的民意都是五五波，這時，要怎麼「順從民意」呢？

做任何決策，除了考慮民意與利害關係，更不能忽視我們做這件事的核心價值，政策才能有長期、良好的影響。

二〇〇八年，我即將卸下副署長的職務時，健保小組的成員特別幫我做了一本紀念冊，形容我來到署內，本來想要登高向遠望，後來也只能在下面救救火……這個描述其實還滿貼切的。我在衛生署三年多，這段時間，感覺好像做了很多事，但彷彿又一事無成，追根究柢，還是沒有達到我內心的理想目標，總有種壯志未酬的遺憾。不過，至少在「救火」的任務上，應該算做得不錯，起碼沒有讓火燒得太大。

上任之初，我給自己的新角色立下了幾個期許：第一是要「守法」，第二是「守分」，第三則是要「誠實」面對問題，然後「盡責」的去處理，最後只求「無愧」。

雖說我的公部門初體驗，距離個人理想還有相當距離，但就這幾點來說，我想我應該是有做到吧。

第七章 ●

戰士可以戰死沙場，但不能抑鬱以終

二〇〇八年，民進黨輸了總統大選，政黨再次輪替，馬英九總統上任後，前朝的政務官當然都離開了，我也卸下公職回到民間，過了八年閒雲野鶴的老百姓日子。

不過我並未遠離政治。我從很年輕的時候，只要有重要的選舉，我都會動員參與表達支持。不過，我從未參與黨部的活動，一直以來純粹扮演單純的支持者角色。

我在公會時期，都很鼓勵幹部多參與政治。我本身當然是支持民進黨，不過，我並不會想干預成員要支持誰。公會用來支持選舉的經費，也是不分黨派。之所以鼓勵大家參與，純粹是覺得，選舉是人民的權利，尤其做為社會中堅分子，更是有義務積極表達意見，選擇一個自己覺得正確的人，絕對不要忽視自己的力量。

就在蔡英文要選第二任黨主席時，智庫的林萬億政委有一天打電話給我：「接下來的選舉（指二〇一六年的總統大選），你就來幫忙一下嘛。」

我一怔：「我們本來就會幫忙啊。」

「不是那種幫忙，你以前做過副署長，醫療政策你比較熟悉，我是想要你出來負責這個部分。」

於是我就到了智庫，負責撰寫《醫療政策白皮書》。可能因為我算是頗為活躍的分子，二〇一六年，民進黨總統大選大勝，再度取得執政權。有人來問我：「你有想爭取什麼位置嗎？」

「沒有沒有，我只是來幫忙，既然選舉完了，我就功成身退了。」

我說的是真心話，可是大家都不相信。不斷有人來問，我推說我對當監察委員比較有興趣，對方說：「可是那不會馬上有安排，還要很久啊。」

「沒關係，不急不急，慢慢來。」我知道這不是一時三刻就會有下文的，所以才這麼說。

我挺身出來幫忙民進黨選舉，原本就是為了表達我個人的政治選擇，不是為了求官位。

後來還是有人不斷來試探口風，但我都打太極說把機會讓給年輕人，這件事也就拖過去了。

就這樣過了八個月，差不多春節前後，陳建仁副總統親自來找我，希望我入閣：「以前就找你談過，那時剛勝選，你不想共享勝利成果沒關係；但現在政府面臨的挑戰很多，有困難的時候，你若不出來幫忙，就太沒意思了。」

這段話讓我動搖了。但按慣例，遇到這種為難的情況，我一樣說要問問太太，才能決定。當時，我太太人在日本，我晚上打了個電話給她，想跟她討論，可能時間晚了，她已經睡了。但也不知道她是從哪裡得到這個消息的，第二天，她在我手機留下了一句話：「你想做什麼就去做。」

於是，我決定接受入閣的邀請，從那時起，擔任衛福部部長至今。

化危機為轉機

就任衛福部部長時，我講了一句比較戲劇性的話：「戰士寧願戰死沙場，也不要抑鬱以終。」

我知道接下來要面臨重重難題，我的基本態度就是：拒絕閃閃躲躲或持盈保泰的保守做法，來了就是要拚！

不過，講那句話的時候，可是完全沒預料到二〇二〇年會遇上COVID-19，我還真是遇上了一場極其嚴峻的病毒戰爭。不過，這些都是後話了。

上任的第一個月，我面臨的第一個危機是：冠脂妥偽藥事件。

冠脂妥是治療高血脂的藥物，當時光是一年，在台灣的銷售額就高達五十億元。這龐大的商機，也引來了有心人士覬覦，開設地下工廠製作偽藥，再勾結不肖中盤流入市場。

以前的偽藥多半是小型地下工廠做的，包裝印刷比較粗糙，跟真貨相比，還是頗有差距。但我剛上任時查獲的那一批偽藥，做得非常「專業」，外包裝印刷精美，幾可亂真，連原廠派人來查看，都難以分辨。食藥署當時為了要驗冠脂妥的真偽，日夜趕工不停機，驗到機器都被操壞了。

接獲藥師通報以後，我們立刻展開行政調查，同時也報請檢調介入。那天是週六，我晚上有一場團體聚會，飯局結束後，大概是九點，心裡隱約覺得不放心，於是就沒回家，而是去食藥署關心一下進度，順便幫大家打打氣。

當時，檢調人員還在食藥署，說相關案情大致已弄清楚，第二天早上就要調相關人員來詢問。我一聽，覺得不對，現在風聲已經放出去，半夜人都跑光了，隔天早上才要調人來問已經太遲了。

我鄭重拜託檢察官，一定要盡快去調人，萬一要是讓人跑了，就難追了。檢察官也很認真配合，打了電話讓調查處連夜把人調來，午夜十二點左右，就問到了地下工廠的位置。於是，檢調跟我們便拂曉出擊，凌晨五點多就去埋伏，果然，不到六點，眾嫌犯就來搬機器，剛好人贓俱獲一網打盡。

這些嫌犯是有製藥知識的，他們從中國進原料自製偽藥，吃了也會有一定降血脂效果，所以流入市面後不會馬上東窗事發。問題是，這些藥吃了會不會有其他不可知的風險，完全沒人能保證。查獲時，他們本來已準備要做另一批，幸好有提前行動，不然等到隔天，早就人去樓空，另覓他處重起爐灶了。

原廠後來也回收了市面上所有冠脂妥，重新生產新包裝的藥。這個危機，也讓我意識到資訊流通的重要性。原本從藥廠到藥局端的資訊，我們是沒辦法掌握的，但經過這次事件，我們建立一套追蹤系統，可以追蹤健保使用量較大的藥物，從原廠出來到市面上流通的量，雖然因為有儲備量的因素，沒辦法算得非常精準，但若有異常狀況，一定掌握得到。

原本，有些原廠並不是很願意申報每次進口的量，總推說是商業祕密，但我說：「我們其實是在維護你們的權益，難道讓有可能損害你們商譽的假藥製造商賺走會比較好嗎？」

後來，藥廠也都接受這個做法。有了這套追蹤系統後，對於藥物的控管與流向，就比較清楚，可以大幅降低類似事件的風險。

除此以外，也透過這個機會，改變內部管理的方式，讓部內不同單位的資訊可以交流。以前，食藥署跟健保署的資料不互通，彼此也拿不到對方資料，經過改革，如今內部資料都可以互通、勾稽，讓資訊更透明。

台灣需要WHO，WHO也需要台灣

有驚無險度過冠脂妥危機，接著又面臨無法參與WHA（世界衛生大會）的爭議。小英總統上任之前的八年，台灣都有受邀以觀察員身分與會，但小英上任以後，因中國阻撓，台灣未接到邀請函，這件事也就變成藍綠攻防的議題。

大家都在看：這個當初說「寧願戰死沙場」的陳時中，會不會在這個大關卡前就「陣亡」了？

當時，我秉持的一貫態度就是：不卑不亢、維持尊嚴。

前往日內瓦之前，我公開講了一句話：「台灣當然需要ＷＨＯ（世界衛生組織），但ＷＨＯ也需要台灣。」

台灣兩千三百萬人民，不能被排除在世界健康網絡之外，但我們並不是單方面「懇求」人家讓我們參與，在全球衛生的版圖上，台灣是有貢獻的，世界也需要台灣參與。未能獲得正式邀請，雖然讓人悲憤，但是我們仍然必須積極行動起來，透過與其他國家和各國際組織實質的專業交流，讓各國更了解台灣參與國際衛生組織的重要性。

此外，我也清楚表達，我們一定要接到邀請函，才會進去，若沒有正式邀請，我絕對不會闖進去。我是中華民國衛福部部長，絕不做偷偷摸摸的事，若最後無法參與，還是可在場外爭取新聞曝光度，盡可能擴大台灣的國際能見度，向國際呼籲：Leave No One Behind: World Health Security Needs Taiwan, Taiwan needs the WHO!

基本上，我提出的這些定調，台灣人民普遍是認同的。加上跟相對保守的傳統技術官僚相比，我的態度也比較開放，媒體提出任何問題，我不會閃躲，盡可能誠懇回覆，讓資訊透明。

而衛福部的官方臉書專頁，每天都會上網直播重要的任務報告，讓國人知道我們做了哪些事情。加上我本來就是民間團體出身，我很願意跟前來參與的各民間團體站在同一陣線，這也贏得許多好感度。

也許是因為這些因素，當時整個台灣媒體和輿論風向，基本上都還挺支持我們的，抨擊的聲音算是少數。往後幾年，也都維持這樣的定位，對於台灣的國際形象和表現，不管是友邦或非友邦，多半持肯定態度。

因為政治因素，台灣在國際上的奮鬥一直都非常辛苦，多年來被這道政治高牆拒於門外。當年，我曾經形容，中共在外交上對台灣的打壓，就像是一場紅色沙塵暴，在這場紅色沙塵暴來襲時，仍然要努力呼吸，沙塵暴終究會過去，而我們會活下來。

二〇二〇年，COVID-19爆發，儘管台灣是防疫優等生，我們也向世界證明Taiwan Can Help! 遺憾的是，最後還是沒能接到WHA邀請函。不過，願意站在台灣這邊相挺的國際力量，已經顯著比四年前增加太多了。我們確實用實力證明了：世界也需要台灣的貢獻。

回到當年，雖然成功挺過就任之初的幾個大難關，但是，等在眼前的任務還很多。衛福部除了原本的醫療業務，還多了一個社會部門，肩負少子化、長照、社安網等任務，沒有一項挑戰是容易的，更不要說後來遇上的猛烈疫情。

不過，就像剛上任時我所說的那段話，對於未來的艱難，我早已有所覺悟，既然上了戰場，那就拚吧！

第八章 ● 推動長照2.0，建立社安網

衛福部的業務極多，健保、食安、醫療、長照、社福……都是我們的守護範圍，打從一上任就非常忙碌。綜觀各項任務，在我第一任衛福部部長任內的重頭戲，應該是推動長照2.0政策與強化社會安全網（以下簡稱社安網）。

在長照這一部分，其實，從二〇〇七年就開始做長照1.0，做了十年，也的確做了不少事情，但是趕不上台灣人口老化的速度，長照政策面臨必須快速轉型的壓力。

撒豆成兵，擴大照服量能

因為轉型的壓力，我上任時，長照政策可說是百廢待舉。

長照2.0希望能夠以社區和居家為基礎，以區域內具備服務量能的單位做為領頭羊，再串聯開發在地的各項長照資源，也就是所謂的「長照ＡＢＣ」社區整體照顧模式。

所謂的A級單位規模最大，是社區整合型服務中心，B級單位是複合型服務中心，C級單位則是巷弄長照站——你可以把A想成是「旗艦店」，B是「專賣店」，C則是「柑仔店」，結合三者，以「1A、2B、5C」的架構，建立綿密系統，A級單位可以提供B、C級單位督導與技術支援，B、C級單位的普及化，則讓有需要的民眾就近得到方便的服務。

這個立意是很良善，希望布建完整的「找得到、看得到、用得到、付得起」的長照服務資源，可是執行起來卻困難重重。

當初計畫的期待是，一開始就要把完整的網絡建立起來，在二〇二〇年底以前，總共要建立四百六十九個A級單位、八百二十九個B級單位，以及兩千五百二十九個C級單位；此外，還要根據城鄉分配平均。同時，社會學者又不希望過分朝向大型化集中，最後衍生出托拉斯壟斷的問題。

但問題來了：這個計畫本身就是大型的計畫，1A2B5C的理想，絕對不是資源拮据的社福團體做得到的。在規模這麼大的計畫裡，怎麼可能在沒有經濟誘因的情況下，要求全部都由服務型、社福的單位來做？他們都還得募款求生存，怎麼可能有多餘的能量來做這些事？只有資源豐富的財團才有能力勝任，可是學者又不信任財團，生怕財團坐大，但是偏偏計畫又龐大到只有他們能做，於是事情就陷入兩難的處境。

我當時採行的策略是：撒豆成兵。不管哪一種，你有能力成立A級就成立A級，能夠成立B級或C級，就成立B級或C級，基本上，先求有，之後才能談整合，不能一步到位。

除了建立長照的A、B、C級機構以外，還必須努力增加照服員。

為什麼以前長照會做不起來？歸納原因，主要有三：

1. 沒錢賺，缺乏誘因吸引業者。
2. 照服員論時計酬，服務量受限。
3. 核銷慢，造成業者財務壓力。

當時，照服員不容易找，每次在立法院都被委員追著問：現在到底有多少照服員？問題是，若利潤太低，誰想做這個行業呢？

我的想法是：必須要先改善業者的利潤空間與照服員的待遇，才能擴大照服的能量。

以前的照顧制度，基本上都是論「時」計酬，服務的量被時間限制了，照服員能賺到的錢也非常有限。為了改善這個狀況，我們建議把支付標準從論「時」改成論「量」計酬：只要能多提供服務，收入就會比較多。

從人性的角度來看，若改成論量計酬，大家當然會想努力衝量，這樣才能讓一個事業很有效率的衝起來，若繼續論時計酬，大家就會選擇慢慢摸，把時間拖過去。

但是，有人質疑：「照服員會不會為了衝量，就亂做一通？」比如說，幫老人家洗頭或洗澡，會不會隨便洗洗就草草結束，好趕場去下一家？但這種問題的假設是照服員都沒有職業道德，而且被照護的人或他的家人也完全無感、不會反映。然而在現實中，這麼極端的情況絕不會是普遍現象。

和其他門檻較高的醫療服務相比，長照的服務相對單純，其他醫療服務具高度專業性，容易有資訊不對等的問題。例如，病人若想監督醫生提供的醫療服務品質，難度是比較高的；但長照不一樣，被服務的人可以輕易分辨照服品質的好壞，監督難度相對低，這比其他醫療服務可能造成的浪費機率要小得多。

我們改變給付表，把「論時」改成「論量」，業者只要努力提供更多服務，就能獲得比較豐厚的收益，用以維持或甚至升級自己的事業，同時，也可以提供更多報酬*給照服員，提供誘因，擴大服務量能。

此外，也簡化了原本非常繁雜耗時的入帳方式，讓業者快一點拿到收入。

以前，長照的核銷很費時，通常要拖個半年，業者才領得到錢，因為申報的方式巨細靡遺，項目又多如牛毛：一共累計了多少工時、有哪些行政手續、買了哪些東西……統統都要詳列，甚至細到連買一枝筆都要核銷，這當然得花很多時間。加上還有跑公文的問題，地方政府光是要把案件彙整進來，就已經夠麻煩，大家都是等到一整批到齊弄完才會往上送，到中央以後，承辦人員當然也不能不審，整個過程非常漫長。

我們借鏡健保的行政經驗，用「以簡馭繁，化零為整」的高效率方式，採資訊審查機制，一方面縮短業者拿到給付的時間，二方面也避免繁雜的手續拖垮整個行政單位。

長照給付及支付基準的改革，大概是有史以來，業務執行最快的一次，二〇一七年十一月二十九日公告修正、十二月二十五日通過，隔年一月一日就全面實施。

＊衛福部於二〇一八年明定全職居家照顧服務員月薪至少三萬兩千元，採時薪制之居家照顧服務員時薪至少兩百元，另照顧服務員在不同個案家轉換的交通時間應計入工作時間，薪資每小時不得低於基本工資一百四十元，確保合理薪資待遇。

經過全體同仁跟地方政府的努力，在長照ABC的布建上，隔年已布建完成了四百七十二個A、兩千九百七十四個B，以及一千六百零四個C，照服員的薪資則拉高到三萬兩千元、時薪至少兩百元。

原訂是二〇二〇年底前要完成的目標，我們也提前完成，二〇二〇年中，已布建了六百四十六個A、五千九百八十四個B，以及三千一百二十六個C，而且長照服務量也從二〇一七年的十一萬人，成長至二十八．七萬人，服務涵蓋率達到百分之五十一．八三，算是成功把這塊餅做大，可以服務更多有需要的民眾。

把「小網」集結成「大網」

除了長照，另一個要務則是強化社會安全網。

我上任以後，發現社會安全維護的業務，可以說是非常混亂。其實不只是台灣有這個現象，很多國家的社會福利政策都有混亂的問題。因為福利政策都不是在國家建立之初，就經過全盤規劃才精心設計出來的，而是國家社會形成以後，民眾開始浮現相關需要，有人倡議之後，政府再著手規劃納入政策。隨著需求不斷增加，就這樣疊床架屋不斷增添上去，當然就愈來愈肥大。

根據不同狀況，以往社會安全事務的分類跟補助項目相當龐雜，保護個案有一個系統、精神疾病有一個系統、中低收入戶有一個系統、高風險家庭也有一個系統……總共有數十個系統之多，每每出現狀況，就成立一個系統。更糟糕的是，這些系統彼此之間是不相通的，若要查詢資料，必須透過行政公文往來才能調資料，非常麻煩。

然而，每一個家暴、自殺或殺人等不幸的社會事件，背後其實都可能存在盤根錯節的因素，成因可能是貧窮、失業、毒品、精神病或家庭結構脆弱，如果只針對個案本身，而沒有考慮到橫向連結的問題，就可能掛一漏萬。

以前，很多部會都有在做社會安全維護相關業務，但彼此之間就像在夜市撈金魚一樣，每個人都拿一張小小的網子在撈，所以很容易就有漏網之魚。若想強化社安網，就得把這些「小網」聚集起來，變成「大網」，以減少漏網之魚，甚至可以主動出擊，找到更多高風險的個案。

也因此，我認為，無論如何一定要把資訊資料庫建置好，並且妥善整合。當我想做這些變更時，有人覺得這樣做很「沒溫度」，說社會工作是難以量化的。但我認為，若無法量化，就不能管理，若不能管理，就無法提升效率。因此，無論如何都要把社安網的資料庫建立好，不僅如此，還要打破系統之間的藩籬，讓資訊可以互通。

讓社工安心在崗位上奮鬥

過去，社安網資訊化不足以外，社工人員缺乏也是一大問題。

很多社工都是年紀很輕的「囝仔兵」，自己的人生經驗值都還很淺，就要在資源不足的情況下，去處理那些很複雜的社會問題，很容易就產生挫折感，流動率極高，只有少數對社會工作具有高度熱情的人，才能夠排除萬難留下來服務。但是，若要做好社會安全維護工作，光靠少數社福團體燃燒熱情是不夠的，必須要讓更多社工人員投入才行。

若希望降低社工人員的「陣亡率」，那麼，要如何才能讓這些人員願意留在工作崗位上久一點呢？最直接的誘因，當然是改善待遇，不能只要求人家燃燒熱情，卻讓人喝西北風。過去，社工從不曾調過薪水，都是定額補助。我擔任衛福部部長後，全面調整社工薪水，根據年資、學歷、證照執行業務的風險等，規劃階梯式的專業服務費補助。雖然沒有增加很多，但起碼也有數千元之譜，除了基本薪資有保障，每年都可以調薪。

除了實質的調薪以外，更重要的是，要提升社工在工作上的成就感。

不少社工入行時都懷抱著理想，但是這份理想卻會日復一日的被各種工作上的挫折感消磨掉。試想，如果你負責的案子很多，需要的資源卻不可得，經年累月下來，只能眼睜睜看著所服務的對象處於困境之中，自己彷彿每天都在空轉，時間就在寫報告、打電話中消耗掉了，這樣怎麼會有成就感？

倘若能夠提供社工人員即時的援助、提升作業效率，幫助社工新兵做出成績，讓他們有機會挽救一、兩個家庭，他們留下來的機率就會提高。

強化資訊系統，就是提升效率的方法之一。原本是一個案件的資料散落在各處，社工無法了解這件個案的周邊資訊。比如說，有人報案說被家暴，這人家裡有沒有人吸毒或是其他問題，以前是無從得知的。社工必須親自前往家訪，才有辦法得知原來這個家庭父親吸毒、母親也有智能障礙的問題，有時甚至跑一趟還無法拼湊出所有問題。這種情況下，社工怎能不疲於奔命？

一旦在資料庫建立且互通有無之後，可以串聯警政、社政、戶政和醫療等相關單位的資料，從派案、分案、處遇、追蹤到結案，都有完整的系統，現在只需輸入證件號碼，過去這個家庭的所有紀錄都無所遁形，一天之內，就可以完成派案。

另外，以往常會遇到一個問題：有精神問題的人「要有傷害疑慮才能介入」，但該怎麼判定卻沒有依據，等政府單位要介入時，通常已演變成社會案件了。但透過資料庫，可以把所有發生過的個案都建檔，即使在結案之後，也還能持續追蹤、監測個案用藥等狀況，只要一有問題，就可以馬上介入。

二〇一九年三月，我們修訂了《兒童及少年福利與權益保障法》，包括：司法能及早介入兒少保護案調查程序、建立兒少保護加害人裁罰紀錄資料庫、建立兒童死因回溯分析機制、加重對兒少不當行為之處罰等。

以前，社工人員經常面臨到了事件現場門口，卻不敢進去，一方面是沒有公權力撐腰，沒有正當性；二方面，萬一遇到有人暴力相向，孤立無援，也有危險性。如果都要等到「出事情」，警察才能介入，通常已經太遲了；修法後，警力可即時介入，必要時還可以破門而入，阻止憾事發生。

我期盼，社安網系統甚至可以從被動接收通報，轉變成主動出擊並介入，將來，還可以達到「家庭社工師」的理想，也就是類似「家庭醫師」的概念，使社工師能充分掌握這個家庭所有的狀況，再按照個案需求，結合周圍其他不同專業的資源以提供協助。

我深信，社安網織得愈密，就愈能保護國人；但這需要整合各方的努力，才能發揮綜效。舉例來說，近年來，很多精神疾患引起的傷害事件，造成社會上很大的爭議，因此，希望能促請法務部建立司法精神病醫院，讓因為精神疾病而減刑或甚至免刑的人，可以在其中進行矯治，因為這牽涉到人身自由。衛福部沒有這種權力，必須要跟司法單位合作。

其實，不是只有社安網，許多攸關民眾福利的政策，都需要眾單位共同合作，才能發揮最大的力量，這也是我推動政策時，一貫努力的方向。

政策夥伴談陳部長

頂住壓力，一起往前走

薛瑞元　衛福部政務次長

二〇一七年某一天，在屏東擔任衛生局局長的薛瑞元，突然接到衛福部部長陳時中的邀約，想找他聊聊彼此對長照的看法，希望他能到中央來幫忙推行長照政策。

其實，他們彼此認識已經很久了，早在陳時中還在擔任全聯會理事長時，薛瑞元就聽說過這號人物。當初正在討論健保總額給付的可行性，可是不論任何科別，都對要加入總額頗為遲疑，大家都反對，「但陳時中卻第一個主張應該要加入。」

因為此事，薛瑞元對陳時中的印象頗為深刻，覺得此人想法很前瞻，不怕跟人家不一樣。而牙醫總額預算的成功，也證明陳時中的想法是對的。

不過，當時兩人僅止於「認識」，一直到二〇〇二年，薛瑞元進入衛生署醫事處服務，陳時中擔任副署長期間，才開始有了真正的交集。儘管如此，當時陳時中主要的任務是處理健保財務的問題，雙方雖然有交集，但共事的經驗並不深。

二〇〇八年政黨輪替，兩人各自回到民間一段時日，直到二〇一四年後，雙方才又各自進入公部門，陳時中入閣擔任衛福部部長，薛瑞元則到屏東擔任衛生局局長。

在這麼漫長的時間中，兩人其實並沒有太多互動，說不上有什麼了解，「所以當時接到邀約，我也沒打算馬上答應，想說先聽聽他的想法，若理念相符，再考慮一起工作。」

理念相符，攜手推動長照

薛瑞元在屏東擔任衛生局局長期間，在第一線上看到許多從長照1.0跨到2.0的困難，憂心已久，正好也想藉著這個機會反映給中央。

首先，社區照護的「量」真的太少了，於是只能把老人家送入機構。但許多老人家的身體狀況其實差強人意，還不需要進入機構，只需要基本照服，因此，當務之急應該是先把最基層的居家照護能量衝上來才對。

再者，就是業者無利可圖，核銷手續又極其麻煩，缺乏誘因擴大長照量能，市場因此難以成長。

當年的照服員是按時計酬，一小時的費用兩百元，其中三十元是管銷費用，照服員只能拿到一百七十元，扣除中間轉場消耗的時間，每天實際工作時間約六．五小時，也就是實收薪資一千一百零五元，乘以每個月二十二個工作天，才二．四萬元，「這樣當然沒有什麼人想做。」

繁複的核銷制度，也是擴大長照量能的一大阻力。屏東衛生局在地方成立的照管中心，好不容易徵到有護理社工背景的年輕人進來，卻經常做不到三個月就離職，理由是：這個工作跟他們想像的不一樣，每天最主要的工作竟然是「辦核銷」。因為是補助案，中央規定實報實銷，所有核銷都必須要有單據，哪怕只有十塊錢的差異，也要全部退回，讓社工疲於奔命。

因為核銷速度很慢，長照的服務單位通常要經過半年才能拿到錢，只有口袋很深的業者才活得下來，長照量能當然不足。

薛瑞元說，按照這種制度設計，無論對照服員或機構來說，都「太難賺」了，投入的意願自然不高。

當時，主要都是非營利組織在做長照，正因為是非營利組織，所以大家就會有一種迷思：不可以有盈餘，所以費用都摳得很緊，最後，就真的只有「做愛心的人」才願意進來。

薛瑞元很直白的告訴陳時中，若希望長照制度能夠永續經營，「你就不可以『怕人賺錢』！」

薛瑞元的觀點與理念，與陳時中的想法正好相符，於是薛瑞元便下定決心，從地方轉戰中央，與陳時中攜手合作，大刀闊斧改造長照。

眾聲喧譁中堅定前行

談理念時可以豪氣干雲，但實際要推動時，一開始卻灰頭土臉。

任何變革都有陣痛，當初陳時中與薛瑞元想把論時計酬（計時制），修改成論項目計酬（包裹制），而且要推動資訊化時，引起相當多的反彈。而許多跳出來反對的人，竟是比較偏向社福思考的族群。他們覺得這樣的改變「沒溫度」、「沒人味」，大家還是習慣從非營利組織的觀點來思考問題，而不是把長照當作一個「產業」來培植。

新政策二〇一七年十二月通過以後，薛瑞元告訴陳時中，這個變革一定要從次年一月起就上路，「不然在同一年有兩個制度，會搞死業者。」但是，要這麼雷厲風行的實施，肯定也會引起反彈，要有心理準備。陳時中接受了這個建議，並且向他喊話：「你就撐住，我們往前走。」

新的長照給付及支付基準於二〇一八年二月上路以後，也如同預料，習慣舊制的人，對於新的轉變還不能適應，二、三月時的確有點混亂，也引來一片罵聲。在各方壓力之下，薛瑞元一度想要退出長照政策，把權力交給其他同仁，但陳時中卻堅定挺他：「你就繼續做下去。」

就這樣從一月一路被罵到四月，情況開始好轉，大家發現新制其實並沒有想像中這麼「壞」，而且，無論是服務者以及被服務者的人數都開始穩定往上增加，這讓政策團隊信心大增。

實施一段時日以後，照服員的收入跟業者盈餘都增加了，長照量能也大幅成長，長照2.0後來更成為蔡英文總統任內，非常受民眾歡迎的政績。

願意承擔，一人打全場

薛瑞元表示，長照2.0在雜音紛紛的情況下還能成功的重要原因之一，就是陳時中「頂得住壓力」。

「他是很授權的長官。」薛瑞元說，基本上，交付下來的任務，陳時中就充分信任他，不會頻頻來「關切」或下指導棋。

在薛瑞元眼中，陳時中還有一點跟其他長官很不一樣：「他可以一個人上立法院打全場，很少首長做得到這點。」

許多首長在立法院備詢時，都會帶次長或其他幕僚同去，除了可以提供資料，也可以在「場邊救援」，協助長官回答立委問題，「但是他都不用，他可以一個人面對立委。」薛瑞元表示，這不只是因為陳時中對相關政策的每一項細節都爛熟於胸，同時也是因為他願意承擔，覺得事務官沒有必要去「受罪」，「長官若願意扛起來，底下就比較好做事。」

「而且他很聰明，溝通起來很順暢。」薛瑞元畢業於台北醫學大學醫學系，執業十多年後，又考取台大法律系，後來還攻讀台大法律研究所，並通過律師考試，是國內極少數同時具備醫師、律師這兩種高門檻專業的菁英，能讓他覺得「很聰明」的人並不多，陳時中就是其中一個。

薛瑞元與陳時中都是對「數據」極其敏感的人，他們在做政策時，都非常講究數據，「但我很少去記，我都是用算的；而陳時中也不是死背，他是連算帶記，而且是根據事情脈絡的變化邊算邊記，所以他的反應速度會比只用算的快很多。」

如果有下屬跟陳時中報告時，數據零零落落或前後不一致，他馬上就會察覺不對，提出疑問。「所以我都跟下屬說，要跟部長報告事情，一定要確認過所有數字，如果跟先前有出入，務必要能說明為什麼修改。」薛瑞元說。

「他雖然聰明，但他不尖銳。」薛瑞元表示，很多聰明的人都會有明顯的稜角，但陳時中卻完全沒有鋒芒，從不會去「踩」那些不如自己的人，當雙方觀點不同或事情有疑義時，他也很少強勢回應或拿權威來碾壓別人，通常都是以過人的耐心去解釋或說服。

而且，他不是只對位階比較高的同僚如此，而是對各部門同仁都一樣，「就連對承辦人員，也不會很直接就說『你錯了』，他的態度都是一樣不疾不徐。」

基於過去跟陳時中共事的經驗，薛瑞元一點也不意外他能在COVID-19肆虐全球時，頂住高壓，成功擋下疫情。

先前，陳時中在回應是否參選的議題時，曾稱身上還有「疫情」、「食安」和「健保」三支箭，「疫情」這一箭，目前繳出了漂亮的成績單，未來，還有另外兩大關卡等在前面，壓力是一波接一波，「不過，我對他滿有信心，他應該沒問題的。」薛瑞元笑說。

04:00

第四部

世界之疫

第九章 ●

世紀大疫來襲

當初，走馬上任擔任衛福部部長時，我說了一句戲劇性的話：「戰士寧願戰死沙場，也不要抑鬱以終。」

上任後，果然也遭遇了一場又一場的戰役。但這些挑戰，都沒有二〇二〇年遇到的 COVID-19 這個百年大疫來得嚴峻。在這場與病毒的戰爭中，只要稍一不慎，走錯任何一步，不要說是我個人「戰死沙場」，全體國人都會陷入空前的災難中。

不尋常的惡兆

二〇一九年十二月中，中國社群平台微信就開始瘋傳來自武漢市衛健委醫管處的兩份緊急通知，說當地出現不明原因的肺炎病人，疑似是SARS，這些訊息也傳到台灣知名的公共論壇PTT。

疾管署副署長，同時也是台大醫院感染專家羅一鈞醫師（後來擔任中央流行疫情指揮中心醫療應變組副組長）看到這些訊息後，意識到情況不對勁，經過搜尋追查，覺得這些訊息有相當的可信度，立即將相關訊息發送到疾管署防疫群組，希望大家提高警覺。

我跟幾位防疫醫師談到此事，他們告訴我，有些人證實這是「非SARS的非典型肺炎」，已經開始做隔離處置。做防疫的人，只要一聽到「未知」和「隔離」這兩個元素，心中就警鈴大作，這狀況絕不容小覷。

長期以來，大家對中國的衛生管理總有點存疑，加上二〇〇三年吃過SARS的大虧，當年這個惡疾也是從香港、廣東傳到台灣，造成極大的傷害。SARS的死亡率高達百分之二十，醫護死亡率更高達百分之七十，醫護這條防線差點崩潰。當年和平醫院封院的慘烈情景，想起來仍心有餘悸。

因此，當我們接收到這些訊息後，完全不敢大意。二〇一九年最後一天，當時的行政院副院長陳其邁就召開跨部會應變整備會議，要將這個傳染病阻絕於境外，絕對不能重蹈SARS覆轍。

之後，不管是松山、桃園或高雄的機場，凡是從武漢來的飛機，我們都要做登機檢疫。為了做這件事，必須重新調整動線，相當麻煩。但我們不敢存任何僥倖心理，凡事寧可預做最壞打算，用高規格措施因應。

疫情後來的瘋狂發展，證明這樣的謹慎是對的。

武漢華南海鮮市場二〇二〇年元旦就臨時宣布休市，不明原因病毒性肺炎的患者愈來愈多。中國官方元月上旬，公布致病的病原體是新型的冠狀病毒，到了小年夜（一月二十三日）凌晨，突然宣布隔天上午要開始「封城」，證實這個病毒來勢洶洶，且一發不可收拾。

武漢封城

根據《傳染病防治法》的規定，當情況有所改變，政府因應的層級也會隨之調整。當國外出現明顯疫情，但還不是大規模社區傳播時，就要做三級開設，由疾管署署長擔任指揮官。當出現境外移入病例，或是外圍已經有相對大規模的社區傳播，就要升級到二級開設，也就是「部」的等級。一旦出現本土確診個案，就要提升到一級。

一月二十日，剛宣布做三級開設，沒想到一月二十一日就出現第一個境外移入病例：一名五十五歲、從武漢回來的女性台商，沒有明確接觸史，也沒有親人染病。而兩天後的小年夜，武漢就突然宣布封城了。這樣一個人口高達一千一百萬的都市，竟然到了要封城的地步，可見疫情一定已相當嚴峻。

為了因應疫情變化，台灣一月二十三日也立刻將指揮中心提升為二級，由我親上火線擔任指揮官。

武漢封城以後，疫情完全失控。感染者增加得太快，醫療跟防護資源也極度缺乏，醫療體系可說是完全崩潰，醫院人滿為患，一具具屍體被裝入運屍袋運出……雖然中國有新聞控制，但還是擋不住各種宛如人間煉獄的影像外流，透過媒體放送到各地。兩岸接觸這麼頻繁，台灣民眾當然因此陷入了恐慌。

當機立斷阻絕疫情於境外

其實，當初武漢封城，全世界應該都要有警覺才對。在封城之前，就有數以百萬計的人聽到風聲逃出武漢，極有可能造成疫情向外擴散。以現在全球往來的頻繁度，傳播到其他國家也只是時間問題。

但一開始歐美國家的氛圍普遍是：「喔，出現嚴重疫情了，不過，那是『亞洲的事』，跟我們沒什麼關係。」所以並未採取即時的行動。後來疫情延燒到西方世界時，情況就很難善了了。

台灣因為曾經歷SARS的慘烈教訓，已充分領教過新型傳染病的可怕，完全不敢小覷。而且也為SARS，而修了《傳染病防治法》，對醫院感控、分流的處置，都有事先規劃，也定期有做演練，對岸疫情爆發後，就能按部就班提出因應對策。

指揮中心不但即時把武漢旅遊建議提升到第三級，對於中國來的觀光團，警覺性也提高。

當時一個從武漢來的觀光團，其中一名女性團員出現發燒症狀後，到台大就診，驗出是陽性，我們立刻做出決斷，停止所有武漢團的行動，請他們留在旅社，不要到處行動。

交通部觀光局除了雷厲風行要求各旅行業暫停接待大陸觀光團之外，對於已入境的中國觀光團，也協調旅行社安排提前離境。

這些做法看起來似乎很不近人情，但是後來證明當下這種處置是對的。那位發病者的丈夫回到中國後也確診了，那一團的團員很可能還存在其他的感染者，其他團也很難說是否有威脅。若是讓他們繼續在台灣各處趴趴走，則後果難以設想。

台灣比較幸運的是，中國在疫情爆發前一年，就因為政治因素，限制團客來台旅遊，團客減少，同時也降低了把疫情傳播到國內社區的風險。

集中檢疫，不讓風險入社區

疫情爆發之初，口罩不足，行政院院長蘇貞昌當機立斷，優先供應國內的防疫需求，一月二十四日起，經濟部正式公告，停止口罩出口一個月。但面對突如其來的疫情，台灣的口罩需求暴增，就算不出口，還是不夠用，因此政府也劍及履及採購機台、整合口罩業者成立口罩國家隊，盡快投入量產，回應國人需求。

除了生產防疫物資，還必須預備一些場所，安置可能帶有疫病風險的人。我認為，「集中檢疫」是很重要的，一定要準備足夠的地方，讓這些入境者有一個安全、舒適的地方完成隔離檢疫，而不能放任入境者回家自己檢疫，這樣很容易就會讓社區陷入風險。

有些國家搭建方艙醫院，概念也是「集中檢疫」，但是方艙醫院的嚴謹度跟我們的集中檢疫所完全無法相提並論。方艙醫院就是一個大統艙，將可能有問題的人統統收容進去，時間到再放出來。問題是，方艙醫院內部空間是開放式的，衛生條件不嚴謹，管理也相對紊亂，如此很有可能變成本來沒有染疫，進去後反而染病。

方艙醫院的缺失是明顯可見的，但那些疫情比較嚴重的國家，確診人數太多，不得不出此下策。台灣因為超前部署，疫情還在控制範圍內，可以用最高規格來設置集中檢疫所。我的要求是：一人一室，而且要有獨立衛浴。

為什麼要用這麼高的規格呢？主要是希望不要發生交叉感染的問題；此外，指揮中心當時也做了一個最壞打算：倘若疫情擴大，醫院負荷過重時，就必須把一部分輕症病人從醫院移到集中檢疫所。輕症病人通常只需要隔離就好，如此一來就可以把醫療資源保留給中重症的患者。

天佑台灣，疫情一直可在控制之中，當時並沒有發生必須把輕症病人移到集中檢疫所的情況。但萬一真的發生，至少不會措手不及，還有合適的場所可以分攤醫療負擔，避免醫療崩潰。

可是，要上哪兒去找這麼多符合「一人一室，有獨立衛浴」的場所呢？醫福會後來找行政院幫忙，想方設法找了三類場所來做集中檢疫所：

1. 公立機構（如台電、台銀等）的人員訓練所。
2. 軍方的老舊營區，這類場所的設備通常比較簡陋，得迅速派人將之改建整理成可用的場地。
3. 已經停招的學校宿舍。

場地來源似乎解決了，但還是有各種壓力。因為民眾普遍無法接受政府把檢疫所設立在他家附近，只要一有風聲，就有人抗爭。儘管已盡可能避免將檢疫所設在市區，不要離民宅太近，但還是有部分離檢疫所「比較近」的民眾或機構心存疑慮。

比如說，檢疫所設立在某學校附近，於是家長就集結抗議。其實檢疫所的房間離學校有五百公尺之遠，家長依然擔心：「也許風會把病毒吹過去啊。」一疫情緊張，民眾有此顧慮，是人之常情。面對這些抗爭，我們的做法就是：耐心、誠懇，溝通再溝通。我們最後也妥協，跟校長溝通，面對學校那一面，不收容需要檢疫的人，避免帶來恐懼。

我們努力讓民眾了解，這些集中檢疫所的設計以及管理，都有嚴格的SOP，就連汙水也會特別處理，全都會以氯消毒處理過才排出，所有垃圾都會用感染廢棄物的原則來處理，絕對不會「汙染」社區。將人載送到檢疫所也極為低調，盡量選擇在晚上，能從地下室走，就不要從一樓大門進去，盡可能避免驚擾到民眾。

總統知道的，國民也知道

儘管如此，面對突如其來的世紀大疫，壓力還是空前龐大。剛開始，口罩產能趕不上需求、確診個案不斷出現，二月十五日，甚至出現了第一起死亡案例。這位不幸染疫身亡的白牌司機，還在聚餐中將病毒傳染給多位家人，一時之間，社會譁然，民眾陷入不安。

我們不但要想辦法阻止疫情進入台灣，除了加強邊境管理、落實疫調避免漏網之魚、迅速建立檢疫場所、整合各部會，建立口罩國家隊，並擴大口罩產能，同時也要安撫恐慌的民心。

防疫團隊每天下午兩點召開記者會，公開對全體國民說明疫情的進展、疫調的進度與政府的相關決策，對於記者的提問，我們都誠懇以告、絕不迴避。

基本上，我們的原則就是「公開透明」，關於疫情，小英總統知道的事，老百姓也都知道，中間不會有內容落差，更不會對國人隱匿疫情。

除了國內的民眾，還有海外的同胞，也是我們要全力照顧的對象，要怎麼讓海外同胞平安回家，同時又不造成防疫漏洞，絕對是在這整個抗疫過程中，最艱難的課題之一。

第十章 ● 曲折的「回家」航程

二〇二〇年二月，武漢疫情非常嚴重，各國紛紛派包機到武漢撤僑。我們也面臨了這個艱難的課題：如何把滯留在武漢的台灣同胞帶回家？

這並不是只要派飛機去把人載回來就好，到底要優先載哪些人？回來以後，如何做好萬全準備，避免病毒造成威脅？之後，要如何安置這些同胞，讓他們集中檢疫？這些都是難題。

這是疫情爆發以來，我們第一次讓這麼高風險的班機入台，所有人都如臨大敵，動員了許多單位，從要如何通過海關、如何檢驗，到如何清潔消毒……事前都做了多次的沙盤推演，先調度好遊覽車、找好隔離檢疫場所，軍方的消毒化學兵也全副武裝嚴陣以待。這樣勞師動眾、不辭辛苦，心願只有一個：讓國人平安返台。

在名單方面，我方希望讓旅遊或出差短期停留的、有疾病的、長者或年幼的國人優先回來，因為短期停留在武漢的國人，在那裡生活物資可能相當窘迫；而病弱的國人留在疫區，健康風險則相對高，這些人應該優先返台。

為了這份名單，前後經過了多次的討論，但事情的發展卻相當令人傻眼。

原本協議好要進行核對以後才准予登機，但對岸似乎有另一套想法，講好的事情都不算數，一直拖到機艙門都要關了，才匆匆給我們名單。而這份名單的名字都是英文拼音，時間這麼緊迫，根本沒有餘裕一一核對。

結果，首批武漢包機返台的兩百四十七人之中，竟然有不少根本不是當初提出的名單！更糟糕的是，在這份「意外的名單」中，竟然有確診個案……。

使命與心的極限

為了這次武漢包機，動員了無數人力，光是負責採檢的醫師及護理師，就有數十位之多。大家不眠不休，我自己也幾乎連續二十四小時沒有休息，跟衛福部的相關團隊分進合擊，南來北往到各檢疫所視察，確認每個細節都滴水不漏，目標只有一個：為了平安把滯留在危險疫區的同胞接回來。

大家如臨大敵，演練再演練，結果，卻因為兩岸之間無法彼此信任、坦誠相待，首波武漢包機最後還是有很多意外狀況發生。我必須承認，當下內心真的非常沮喪。

在首波武漢包機隔天的記者會上，我跟國人報告到一半，就忍不住哽咽。的確，防疫的壓力之大，實在是空前的，但我向來很習慣在高壓下做事，平常也甚少有情緒波動。

但是，一想到其他還在武漢的同胞，勢必會因為這些政治上的事件，被困在疫區更久，無法回家；而台灣國內百姓的恐慌與敵意，也可能因此升高，就覺得百感交集，因而忍不住落淚。

事後覺得有點尷尬，但國人真的很暖心，記者會之後，衛福部臉書湧入了上萬則加油打氣的留言，讓我非常感動。無論如何，我一定要把防疫做徹底，保護好台灣，才不辜負民眾的信任與託付。

要顧全大局，就無法討好所有人

因為兩岸複雜的歷史與政治因素，很多時候，我不得不做出痛苦的決定。

比如說，到底要不要讓「小明」＊（陸配子女）來台灣？

原本陸委會二月十一日宣布，持有專案長期居留證或長期探親證的國人或中配的中國子女准予入境，此舉引發不小的爭議。

但是，我隔天就宣布「小明不來了」，滯留中港澳地區的中配子女，若不具有中華民國國籍，不允許入境。

＊「小明」的說法，是時任陸委會主委陳明通針對武漢肺炎疫情入境管理的爭議所提出。簡言之，「小明」是指台籍爸爸娶了中配、在中國所生的子女，沒有台灣戶籍，過去以專案長期居留，或是長期以探親居留的方式在台灣居留，過年時跟著中配母親回鄉探親，因為沒有中華民國的身分，導致防疫時無法進來。

我們的防疫量能有限，必須量力而為，因此我的原則就是「國人優先」，把資源優先留給本國人。雖然有人說，這些「小明」的雙親之一是台灣人，他們也是「台灣之子」，但是，國籍是可以選擇的，既然當初沒有選擇台灣，如今就必須承擔。

這是痛苦的決定，但我必須這麼做。當時武漢疫情火燒火燎，還有許多我國國籍的人身陷疫區，這時必須認清一個現實：不可能一開始就可以讓所有人返國，非得做選擇不可。而優先選擇，一定是持有中華民國國籍的人。難道要優先讓非國民來台避難，而把自家人往後排？這於情於理都說不過去。

再說，在防疫量能有限的情況下，若此時還貿然放鬆邊境管制，很有可能造成防疫破口，我相信這絕不是眾人樂見的結果。

當時民眾都很擔憂疫情會傳入台灣，對於我的決定大多持支持態度，但也有一派聲音攻擊我「沒有人性」、「泛政治化」。但衡量當時內外的各種條件，我必須堅持到底，不能因為怕被批評就縮手。

有多位旅外的朋友，他們爸媽是台灣人，但他們本人不一定持有中華民國護照。當他們問我時，我也老老實實跟他們說：「你們如果有中華民國護照，那當然可以回來，如果沒有，就絕對不行。」

我每一次做決定要禁止或限制某些事情，肯定會引來一些攻擊。有些被影響到的人，還會請託民意代表來說：「你怎麼連奔喪、看病也不能破例？這太不近人情、違背倫常了。」

但我還是堅持該怎麼做就怎麼做，沒有轉圜空間。疫情尖峰期，我三不五時在記者會上宣布各種禁令，支持我的民眾會為我打氣說：「部長，你抗壓性很強，完全不怕被人恨耶。」聽到類似的言論，我都不禁在心中苦笑。

我確實是比較少情緒波動的人，但絕不是完全不介意別人看法的人。就連招計程車，如果遠遠望見有兩輛車一起開過來，我就乾脆假裝沒有要叫車，寧可多等一下。理由是：如果選了其中一輛，那另一輛車的司機一定很失望，那豈不是對人家很不好意思？我不想讓任何人覺得不舒服。

如果可以，我也不想做會讓人恨我或罵我的決定；但是，若想把事情做好或想解決問題，就不可能滿足所有的人，特別是在這種人命關天的非常時期，任何決定都要以大局為重。若有人恨我，也只能隨他們去。

一九五四義勇軍

因為第一次武漢包機衍生了各種爭議，兩岸缺乏信任，中間經過許多談判與拉鋸，才終於在一個月之後，由中華航空與東方航空，共同執行第二次的武漢包機。

團隊在機場有一張合照，我後來在照片上簽了「一九五四義勇軍」這幾個字，醫福會王必勝執行長一頭霧水，問我這串數字是什麼意思，一開始我不肯說，後來才說，一九指的是 COVID-19，而五四則是武漢市的諧音。可能是太無厘頭了，王執行長聽了以後不禁莞爾：「部長，原來你也會說冷笑話……」

在我心目中，他們的確是在 COVID-19 疫情蔓延時，還願意前往疫區帶同胞回家的義勇軍，我心裡是很感念的。

我們必須要派一個醫療團隊過去支援，但因為兩岸敏感的關係，此行面臨到的問題恐怕不只是醫療而已，還有棘手的政治問題。

開會時，我並沒有硬性指派誰過去，我只是多看了王執行長一眼，用年輕人的話來說，叫做「確認過眼神」，他就自動請纓說他可以帶隊。王執行長本來就是胸腔科醫師，又是醫福會最高長官，主帥親征，再好不過。

第二次的武漢包機，我們要募集自願的醫護人員出任務，除了防疫醫師以外，因為名單裡有孕婦，也要派婦產專科的醫生一同前往。

雖說有另外提供津貼，但畢竟這是比較危險的任務，而且還面臨各種變數，萬一對岸刁難，最壞的情況，也有可能無法如期返還，被迫要滯留在武漢一段時間，醫護人員若心有遲疑，也是人之常情，完全合理。

然而，願意挺身而出的醫護人員，卻比想像中踴躍。發出募集令後僅僅一個小時，就有五十幾位醫護人員報名，他們的勇氣與大愛，令我非常感動。

果不其然，到了武漢，就遭遇各種狀況，跟當初談判好的條件又有出入了。

本來說好，我們的醫護團隊不入關，等候返台的人到候機室或空橋做檢疫。但飛機抵達以後，他們卻要求所有人包括機長全都要下飛機。我們單純是去接人的，一旦入他們海關，就統統要接受檢疫。

我們的醫護只能幫華航包機做登機檢疫，要求乘客穿好隔離衣；但另一班由東航執行的包機，則是由對岸負責檢疫，他們認定所有乘客都已採檢呈陰性，所以沒必要穿隔離衣，於是雙方光是為了要不要穿隔離衣這件事，就對峙了好幾個鐘頭。

而醫護人員因為長時間穿戴悶熱的隔離衣，體溫當然會上升一點，王必勝執行長一開始就被量到體溫超過三十七・二度（他們規定不可超過三十七度），被攔下來要求再次檢驗。若是第二次還是無法通過，他可能就得被迫留在武漢。幸而後來有驚無險通過了。

整個過程一波三折，我們的醫護人員在很克難的環境下，努力完成檢疫工作，也因為中間各種插曲，本來預定下午五點多起飛回台灣，硬是拖到晚上九點才準備起飛。

誰想到，飛機在滑行時，竟然又被叫停。對岸表示，剛剛有一名孕婦入關經過紅外線偵測器，量到的體溫是三十七．一度，必須重測。這真的很讓人洩氣，孕婦因為荷爾蒙的變化，加上當時有點緊張，體溫可能會高一點。但規矩是對方訂的，在人家地頭上，也只能照辦。遺憾的是，重測後還是未能通過，最後，她和丈夫、小孩都被請下飛機。

就這樣經過重重考驗，拖到晚上十二點，才終於完成任務返抵國門。這段期間，醫護人員穿著全套防護衣長達十幾個小時，不敢喝水，也沒辦法上廁所。我去接他們時，大家臉上都印著深深的N95口罩的勒痕，看了真的讓人很不捨。大家合照時，八里療養院的護理長賴碧蓮還不好意思說：「這樣太醜了！」我連忙告訴她：「這是光榮的印記！」

這是我的真心話，在這種非常時期，還願意冒著危險，到疫區把同胞平安帶回來，他們都是真正的英雄。

雖然這兩次武漢包機都帶來極大的壓力，過程也無法盡如人意，但這兩次的磨合仍是有建設性的。因此之後就以定時定點的「類包機」模式，陸續把國人一次次接回台灣。

因為疫情緊張，也因為兩岸難解的關係，這條「回家」之路實在不容易，這中間有太多兩難。所幸透過公私部門無數團隊的通力合作，以及醫護人員的無私支援，大家排除萬難，盡可能讓最多受困疫區的國人順利回來。

與此同時，我們也得保護本來就住在「家裡」的兩千三百萬人民不受疫情威脅，避免任何防疫破口，這也是中央流行疫情指揮中心最核心的任務。

第十一章 ● 病毒是共同的敵人

COVID-19疫情爆發以來，發生在「船上」的各種群聚感染事件，就成為相關國家政府的頭痛課題。

不管是郵輪也好、軍艦也好，因空間多屬封閉，加上長時間密集的接觸，只要船上有任何人染疫，就很可能變成病毒培養皿，引起嚴重的群聚感染。

載有三千多人（兩千多名乘客、一千多名工作人員）的鑽石公主號，就是這樣的例子。

二〇二〇年一月，鑽石公主號陸續傳出確診個案，二月三日結束航程後返回橫濱外海，日方派檢疫官登船檢疫，二月五日確認有十人確診。確診的人當然得送醫治療，而其他人則放回郵輪上隔離。

但後來感染人數仍不斷增加，連登船檢疫的檢疫官和內閣官員都有人被感染，最後竟然有七百多人確診，其中十三人死亡，這也是疫情期間最嚴重的郵輪群聚感染案例。

鑽石公主號的經驗

鑽石公主號的事件，給了我們極大的警示：若無法落實分流、隔離，任何的篩檢其實都是徒然。

當初日方的做法是：篩檢後，陽性者下船治療，陰性者放回船上隔離。問題是，船上並沒有做好嚴格的分流管制，檢測為陰性者，有些可能是偽陰性或是病毒量還太少，檢驗不出來，然而這些人並沒有做為「帶原者」的自覺，回到船上後繼續趴趴走，於是又傳染給其他人，疫情就沒完沒了。

倘若一開始就嚴格做好隔離，情況絕不會惡化至此。我之前談過，防疫策略不外乎三類：一是「醫療」，一是「檢測」，另一則是「檢疫跟隔離」。當然，不可能完全只採取其中一種，各國側重的面向不同，台灣堅持的大方向就是「檢疫與隔離」。

SARS的症狀是：發燒，發燒後才具傳染力；但COVID-19非常狡猾，在潛伏期就有傳染性，而且症狀千變萬化，舉凡咳嗽、腹瀉、喪失味覺……什麼症狀都有，也不一定會發燒，甚至還有很多根本是無症狀感染者，不可能只憑症狀或量體溫來判斷。

這也是為什麼有一派人一直認為應該要做普篩，目的在於透過篩檢，揪出無症狀感染者。問題是，以當時全球的試劑精準度來說，就算做普篩，也無法做到萬無一失，有相當比例的人驗出來是偽陽性或偽陰性，無法精準標示出染病者。若把偽陰性的人放回社區，反而讓社區蒙受巨大風險，鑽石公主號的教訓就是一個明證。

於是有人問我：「那你打算拿那些無症狀感染者怎麼辦？」

我必須坦言，根本不可能把這些人全部查出來，就算做普篩也沒用，只是消耗更多醫療成本且徒增風險而已。

此時唯一能做的是盡可能讓感染鏈斷鏈，把這些人對社區的威脅降至最低。

寶瓶星號危機

鑽石公主號疫情爆發同時，我們也面臨寶瓶星號這個棘手難題。

為了避免郵輪載著病毒到處傳播，指揮中心二月六日就宣布禁止國際郵輪靠泊台灣港口。但此時，以基隆為母港的寶瓶星號正準備從日本外海返港基隆，船上一千七百三十八名乘客中，有一千七百零九名是台灣人，這些都是我們的國人，不能讓這些國人在海上漂流，一定要讓他們回家！

經過專家會議的討論，原先預計要採檢六十人，後來擴大為採檢一百二十八人，針對以下這幾類對象：有症狀、有中國旅遊史、旅遊史不明，以及外國人進行採檢。

A計畫是採檢後全部都是陰性，大家可以回家做自主健康管理。但是我們也做了最壞打算，只要有任何一人檢驗是陽性，就要啟動B計畫，全員留船隔離。希望二月八日晚上九點以前就能得出結果。

有些國人會問：萬一有人確診，全數留船隔離，不就可能重演鑽石公主號的慘況嗎？

這項任務的細節多如牛毛，牽涉眾多單位，除了衛福部疾管署和寶瓶星號隸屬的麗星郵輪以外，還包括內政部移民署、交通部航港局、台灣港務公司基隆分公司、基隆市政府等主管機關，為求萬無一失，事先都與各單位詳細溝通、沙盤推演過。

倘若最後真的有人確診，就會嚴格執行分區管理，以免偽陰性者到處移動變成傳染源。除了大批防疫人員與警力進駐基隆港，陸軍化學兵群也隨時待命，配合執行消毒任務，後續會視檢疫情形，針對接駁遊覽車進行消毒作業，確保防疫作為滴水不漏。

歷經九小時的等待，結果出爐，全部都是陰性，這意味全船遊客都可以下船。當我登船宣布，告訴眾人：「我們可以回家了！」大家歡聲雷動，我自己也覺得鬆了一口氣。

不得不說，國人真的素質很好。雖然等候時間長達數小時，但我們登船時，沒有人到處走來走去，大家都很配合。其實，這也是台灣之所以防疫成功的重要因素之一：整個社會都有共識，配合政府的政策，大家一起努力，不讓病毒攻陷台灣。

歐美海歸潮大軍壓境

事後回過頭來看，在防疫方面，台灣確實是全球的模範生。而我們之所以能夠讓感染鏈斷鏈，原因大致有三：

1. 嚴格執行邊境管理。
2. 落實隔離檢疫。
3. 社會高度的配合。

早在二〇一九年底，我們就意識到中國疫情不尋常，後續也對來自中國的班機祭出比較嚴格的管制，超前部署，為台灣爭取到多一點的餘裕，以因應之後全球疫情大爆發的考驗。

才二月底，疫情就已經從亞洲一路延燒到歐美各地。歐美國家原本以為COVID-19就像過去的H1N1或SARS，只是「亞洲人的事」，所以在第一時間就輕忽了。

加上歐美國家的民眾普遍都抗拒戴口罩，又有親吻禮儀，而且，就算身體出現症狀，也不像台灣人那樣，會馬上去看醫生。種種因素的交錯，他們發現疫情的時間差，會比亞洲國家遲約十天。但光是這十天，就足以擴大傳播兩波出去，因此，病毒在歐美的發展極快，幾乎是一發不可收拾。義大利、法國、英國等國家全部「淪陷」，三月上旬，疫情就已經在上百個國家肆虐，並造成數千人喪命。

其實，早在二月底，我就不斷提出警告，歐美疫情絕對會爆發，說不定還會超過亞洲。但是，我實在沒想到竟然會來得這麼快且這麼猛爆。

因為疫情在全球狂燒，台灣從案47（荷蘭出差返國後發病者）開始，就面臨了一波相當緊張的境外移入考驗。從三月十九日開始，全面限制非本國籍者入境。但光是從歐美各國返抵國門的留學生，就高達數萬人之多，說是「大軍壓境」也不為過，這自然對台灣防疫造成極大的壓力。

在第一波疫情高峰時，防守的重點是來自中國的境外移入風險，當時每天確診案例都是個位數。但第二波疫情則來自四面八方，確診個案不斷攀升，為了避免這些境外移入個案將疫情傳入社區，指揮中心嚴格要求所有入境者都要居家檢疫十四天。

因為在疫情第一波時，上上下下的醫護和防疫人員已「練習」過了，所以到了歐美入境這一波壓力時，已操練了一個半月，所有步驟都更為駕輕就熟。三月初設立的關懷中心，剛好也可在此時派上用場，雖然壓力極大，不過一切都還在控制之中。一開始脫框率還有點高，返國民眾從邊境到回到家，可能要花十九小時才能接上線，但到了後來，只要五個小時內就可以徹底掌握，避免中間又橫生枝節。

這一波歐美海歸潮的挑戰雖然凶險，但關關難過關關過，我們還是成功挺過來了。社會原本還為多日「嘉玲」（意思是「加零」，即當日沒有確診個案）額手稱慶，但根本沒有任何鬆懈的空間，四月，就爆發了敦睦艦隊群聚感染的危機，「嘉玲」破功。

敦睦艦隊群聚感染危機

敦睦艦隊包括康定艦、岳飛艦以及磐石艦，總計七百四十四名官兵，二〇二〇年三月十五日，敦睦艦隊完成任務，從帛琉啟程回台灣，四月九日返抵左營。因為已在海上航行近一個月，返台後，官兵們只在艦上繼續再隔離六天，到四月十三日，就算是三十天隔離期滿，四月十五日便全數離船回到社區。

不料，四月十八日竟發現有三位官兵感染 COVID-19。這事非同小可，首先，船艙是密閉空間，官兵們在船上的生活又是多人同房，起居十分密切，互相傳染的機會極高。

敦睦艦隊回來以後，還由參謀總長主持結訓，連小英總統也曾到港邊迎接軍艦返港，若發生什麼意外，那恐怕是「動搖國本」的大事。更棘手的是，官兵們下船以後，就各自回到社區了，足跡遍布台灣北中南十個城市以上。萬一其中有感染者，難保不會把病毒帶入社區，後果更是不堪設想。

發現後的第一時間，我決定立即召回所有官兵集中檢疫，也曾考慮過是不是乾脆就地居家檢疫，就不會產生移動引發感染的風險。後來考量整體風險，擔心若有疫情，會在社區擴大，加上當時國人也憂心忡忡，仍然決定還是採取最高等級的集中檢疫。

為了避免事態擴大，補破網刻不容緩。這些阿兵哥要搭什麼車、要在哪裡集中檢疫，全都要在當天晚上就安排好，醫療檢驗人員也不眠不休配合，連夜完成七百多件的檢驗。

檢驗結果發現，有三十六名官兵確診，全都集中在磐石艦，絕大多數人都無明顯症狀。這之中，有八人已經有抗體。這次的群聚感染，堪稱是防疫一路走來最迫切的危機。由於阿兵哥的足跡太廣，也引起國人極大的恐慌。大家都很擔心，台灣的防疫是不是出現破口，要發生社區感染了？

因為恐懼，當時引發各種對立，社會上也出現譴責的聲浪，去追究軍方或是個人是不是刻意隱匿或是有嚴重疏失。但對我來說，在這個節骨眼去撻伐誰或處罰誰其實沒有太大意義。事情已經發生了，當務之急是亡羊補牢。軍方有沒有缺失？當然是有的。但整個社會若陷入「獵巫」的情緒中，反而會自亂陣腳，且會造成各種不必要的歧視，大家若不坦誠，更不利於防疫。

在這種非常時刻，須有一個認知：病毒才是我們共同的敵人，大家要努力守住社區這條防線，多關懷，少責難，不要花心力內耗。

我在指揮中心的記者會也特別提到，以前我當預官，部隊裡有人吃壞肚子卻不敢講，就是怕講了以後，會連累整班甚至整排、整連無法休假，這樣以後在群體裡很難生存。我說這個小故事的目的在於：希望社會大眾能夠以「理解」代替「指責」，這時候多花力氣去追究誰輕忽、誰犯錯，只是帶給官兵們過大的壓力，對防疫無濟於事。

由於這些官兵離艦以後，足跡遍布全台，我們發出了二十萬則細胞簡訊，民眾若有相關接觸，也可以透過一九二二來通報。此外，國軍也非常配合，協助框列出敦睦艦隊官兵的接觸者，讓指揮中心可以抓緊時間做疫調，各單位通力合作，盼能把可能造成的風險降至最低。

因為即時召回，且大家通力合作，最後，疫情並未擴及社區，危機落幕，我們守住了。

全國齊心防疫，讓傳染斷鏈

國際的疫情從二〇二〇年初一直延燒到年尾，還是相當慘烈。有些地區甚至像人間地獄，相較起來，台灣簡直像處於另一個異世界，平靜得讓人覺得不可思議。期間不是沒有經歷過危機，但幸運的是，每一次都能化險為夷。除了要感謝各單位的積極配合，國人自主防疫的意識更是功不可沒。

即使在相對密閉的船艙中，我們的「災情」也比較輕微。磐石艦上共三百七十七人，確診病例數三十六人，侵襲率約百分之九。相較於法國戴高樂號（侵襲率百分之五十二）、美國羅斯福號（侵襲率百分之二十四），磐石艦疫情規模較小。推測是跟磐石艦上推行戴口罩、發燒者進行隔離等相關防治措施有關。

震驚全球的鑽石公主號當初也曾停靠基隆港，讓船上兩千多名旅客下船在台灣各地觀光，但很幸運的，竟然沒有對社區造成衝擊；敦睦艦隊的官兵下船後，足跡也遍布全台，但我們還是奇蹟般的守住了。為什麼這麼凶猛的病毒，到了社區就「斷鏈」了呢？

這都是因為國人有高度警覺性，戴口罩、勤洗手、認真消毒環境，大幅降低病毒傳入社區的可能性。很多歐美國家的國民都不願意戴口罩，甚至把「戴口罩」視為對「自由人權」的侵害，這也是歐美國家疫情難以緩和的原因之一。

國人對防疫有高度的共識，指揮中心決策下達以後，包含在公共場所或是大眾運輸系統要配戴口罩、盡量避免大規模聚會等等，從中央、地方政府到民間，大家都願意顧全大局、配合遵守各項規定，這是台灣能夠維持平安的重要原因。

從 COVID-19 疫情爆發至今，雖然大多數國民都信任政府，但我也知道懷疑的聲音其實從未停過。極少數媒體甚至認為台灣其實是有社區感染的，只是指揮中心隱匿疫情或美化數字，怎麼可能都沒有感染者進入社區？

我想說的是：「有零星感染者進入社區」，跟「有社區感染」是截然不同的兩回事。我從未否認過可能會有無症狀感染者進入社區，問題是，要把這些隱藏的感染者全部揪出來是不可能的，只能盡所能讓傳染鏈「斷鏈」。

為什麼要一再強調，落實隔離檢疫比普篩有效？因為篩檢是有漏洞的，從人性的角度來看，若讓偽陰性的人回到社區，在自以為沒有染病的狀況下，輕忽對待，極有可能會造成更嚴重的問題，鑽石公主號就是最佳例子。

關於要不要普篩，各國的戰略思考不同。在考量這個問題時，必須先思考：普篩目的為何？為政策背書嗎？若驗出大批陽性個案，後續的分流跟隔離可以落實嗎？

檢驗儀器的敏感度（sensitivity，真陽性率）[*]及特異度（specificity，真陰性率）[†]都並非百分百準確，尤其當時快篩的特異度僅有百分之七十，根據這樣不準確的檢驗結果做普篩，並非最好的政策。韓國的篩檢方式是ＰＣＲ篩檢，不但成本高，風險也高。因為這種「得來速」的檢驗方式，是讓民眾檢驗完就回到社區，萬一是偽陰性，就會造成防疫風險。

若要做篩檢，重點應是後續的「分流」。以寶瓶星號為例，當初規劃是：萬一篩檢出陽性個案，便會開始對接觸者做疫調，同時做分流分艙，將乘客分為陰性及陽性分流外移，並對船艙清潔消毒，分批逐次的細拆，整個過程估計要五到七日才能完成。

台灣有不同於其他國家的特性，我們有便宜的健保，民眾也很習慣有不適就去看醫生。根據統計，在疫情流行期間，台灣有六百萬人的就診紀錄與COVID-19相關，這可以幫助醫生做判斷。從某個角度來看，相關的健保紀錄就類似是一種普篩。加上健保資料完整，有詳細的疾病紀錄以及加註旅遊史等，可以對特定案例做主動篩檢，這都是歐美國家難以做到的。

歐美國家多數都是篩檢過後就放回社區，時間可能是數日甚至數週不等，如此反而增加傳染風險。加上美國醫療保險商業化，人民若非大病，不會輕易就醫，導致疫情爆發後輕、重症都擠到醫院，反而不利防疫，造成醫療系統崩潰。許多當初走普篩路線的國家，後來疫情反而都沒控制好。

而封城（lockdown）之類的強硬措施，證實是有效的，但是此舉對社會產生的成本極高。以台灣的疫情控制狀況，沒必要走到那一步，軟性的策略就能收到理想的效果。

---

* 敏感度（Sensitivity）：也稱為真陽性率，指的是實際為陽性的人，被正確判斷為陽性的比例。

† 特異度（Specificity）：也稱為真陰性率，指的是實際為陰性的人，被正確判斷為陰性的比例。

對於隔離檢疫，我們從疫情爆發之初就很重視。民眾可能難以想像，在正常生活的同時，國內竟然有好幾十萬人在做隔離檢疫，按照風險不同，會分成三大類：一類是在家做居家檢疫，另一類是在防疫旅館，還有一類則是在集中檢疫所。

當時計有三十五家集中檢疫所，高達三千七百多間房。負責掌管這一塊的醫福會執行長王必勝還被調侃為「全台最大旅宿業負責人」。

過去無論是移工入境、武漢包機、歐美海歸潮、敦睦艦隊等，都是靠這些集中檢疫所來處理。從最初設置至十二月，在集中檢疫所中，發現確診後轉到醫院治療的約有兩百七十人左右，占總確診人數的百分之三十四，為台灣擋下不少風險。

只要做好隔離檢疫，就算有極少數漏網之魚，經過這十四天的隔離檢疫，病毒的傳染力也已經是強弩之末，降到極低了。加上國人普遍都有防疫的警覺性，做好保護措施，一定能成功把病毒阻絕於社區之外。

解封，防疫新生活

從四月十三日起，台灣就沒有本土案例。雖然後來發生磐石艦群聚感染的危機，但也成功擋下。到五月四日，磐石艦官兵隔離解除，事件告一段落，指揮中心也開始思考要逐步放寬，讓民眾展開防疫新生活，讓經濟活絡起來。

二〇二〇年，因為 COVID-19 在全球肆虐，所有重要體育賽事都因此停擺，但中華職棒在五月八日就開放了千位球迷進場，成為二〇二〇年全世界第一個可以「開門打」、有球迷進場觀賽的職棒比賽，吸引許多國際媒體報導，這真的是屬於全民的驕傲。

關於全面解封的時間點，我們是抓至少五十六天零確診，也就是病毒能夠「洗」四次（四個十四天）的時間，此時解封，才會比較保險，縱使仍有漏網之魚，傷害量也非常低。

六月七日，指揮中心宣布擴大鬆綁生活防疫規範，讓人民恢復正常生活。

是否有零星的感染者進入社區，我的答案是：「當然可能。」但是，這些傳染源極少，如果有很多，以台灣人口稠密度，情況絕對不可能這麼平靜。

各國疫情都還這麼嚴重，要「完全根絕」所有感染可能，是不切實際的。我們能做的是：不讓傳染擴散，將威脅降至最低。基本上，只要掌握這三個防疫大方向：落實邊境管制、隔離檢疫，以及高度的社會配合（戴口罩、勤洗手、維持社交距離），加上台灣有健保，無論是就醫或追蹤都很方便，各方面配合起來，就能發揮綜效，把R0值*降到最低。

從六月擴大鬆綁，台灣長時間維持零本土確診，社區感染風險很低；但只要國際疫情一天沒有結束，我們就不能掉以輕心。

舉一段歷史做為借鑑：一九一八年流感大流行時，美國費城一開始沒有做相關檢疫，死亡率很高；而聖路易斯有做，所以死亡率較低。但是，聖路易斯在後期放鬆了警戒，導致疫情再起。台灣的防疫成績有目共睹，但國際疫情方興未艾，還是得嚴守防線。特別是時序進入秋冬，國外疫情進入第二波高峰，不必幻想還是天天都能維持零確診，而是要上緊發條、提高警覺，絕不能變成另一個聖路易斯。

以「合」抗「疫」

二〇二〇年底，台灣依慣例舉辦當年度的「代表字」大選。在六十六個候選字中，「疫」這個字，毫不意外的以壓倒性差距，獲選為二〇二〇代表字。

第二名到第十名的候選字分別是蓄、悶、安、韌、惜、勇、偽、茫、封，全都跟疫情有關，可見 COVID-19 是如何衝擊大家的生活。但從這些字看起來，在危機中，國人仍有正面的盼望，雖然「悶」、「茫」，但也有「安」、「勇」、「蓄」。

＊ R0 值為「病毒基本再生數」，指一個感染到某種傳染病的人，會把疾病傳染給其他多少個人的平均數。

我個人選的字是「合」，雖然沒有進入前十名，但卻是我二〇二〇年最深的感觸。台灣疫情能夠控制住，靠的就是全台灣從上到下的「合作」。

在整個防疫過程中，政府尊重專家判斷，讓指揮中心擁有完整的指揮權，在疫情燎燒的時候，若是無法維持政策的一貫性，就會陷入父子騎驢的窘境，造成防疫困難。此外，從中央到地方，縱向或橫向的聯繫都很順暢，大家打破本位主義，跨單位合作，讓政策更順暢進行。此外，不管是官方、半官方或民間的機構，大多很積極配合，加上國民充分信任我們，認真做好個人的健康管理，大家上下一心，才創造了台灣防疫奇蹟。

對我來說，「疫」的陰影雖然籠罩不去，但眾人仍能以「合」抗「疫」，平安度過最艱難的考驗。

第十二章 ● 部桃危機

部桃醫院群聚感染危機，讓台灣的抗疫出現了波瀾。

自從 COVID-19 疫情爆發以來，台灣一直是防疫的模範生，儘管疫情在國外燎燒，國內仍像是個平行時空，國人生活如常，整整維持了八個多月零本土案例的紀錄，直到二〇二〇年年底，因為紐西蘭籍機師染疫，傳染給一位本國籍的女性友人，才打破了長時間零本土確診的紀錄。

雖然只有一例，但國人原本已經習慣了每日「加零」的生活，這一例就足以讓舉國譁然。不過，這個危機很快就平息了，日子好像又恢復正常。但就在此時，鎮守國門的部桃卻發生了群聚感染，為防疫帶來了變數。

醫師確診，危機四伏

二〇二一年一月十一日，一位部立桃園醫院的醫師在治療確診病患時，不幸被感染確診，之後，引發了院內感染。其中一名染疫護理師，又傳染給家人，引起家庭群聚感染，最後一共造成了二十一人確診，甚至有一人不幸死亡的憾事。

第一時間得知醫師染疫，心中就覺得不祥。醫師的活動足跡比護理人員還廣，除了他們自己負責治療的病患以外，還可能要支援各種醫療業務，活動範圍大、接觸的對象也多，如果醫師染疫，情況會比護理人員、陪病家屬或病人染疫更棘手。

所以我們在第一時間，就決定積極處理，相關的專家也進駐協助疫調。這個階段的重點工作是釐清足跡、做區域劃分、環境採檢並清潔消毒。第一階段劃定在紅區的人，全部都要採檢；第二階段則針對黃區或任何有可能性的人進行採檢，最初採檢結果全都是陰性的。

然而，正如我不厭其煩跟民眾溝通的，篩檢為陰性並不意味著受檢人就一定沒染疫，最大意義只代表受檢時就算有病，病毒量可能是比較低的，也就是會傳染給別人的機率相對是小的，我們絕不能因為採檢全都陰性就覺得沒事了。

果然，才剛公布採檢結果全都是陰性沒兩天，就得知護理師確診的壞消息。這位護理師在第一階段就接受採檢，結果是陰性，但後來出現小症狀，重新採檢後，確認染疫。

那一個星期，確診個案連環爆出，社會也陷入恐慌情緒，二〇二〇年底紐西蘭籍機師所引起的心理衝擊，跟部桃危機相比，簡直微不足道。

我相信很多國人都開始擔心，台灣防疫奇蹟是不是要「破功」了？我們是不是「守不住」了？

成立前進指揮所

不過，那一週雖然緊張，但情況其實都還在掌握之中，真正艱難的挑戰，才正要拉開序幕。

一月十七日，我和醫福會執行長王必勝到南部去，原本計劃要去一些檢疫所視導。隔天在車上，我看王必勝憂心忡忡的樣子，還開口勸慰說：「No news is good news，如果有事，電話早就打來了。」

誰知道，話剛說完，就接到一通讓我們心都沉下去的電話：一位神經內科的醫師確診。

必勝一聽說這個壞消息，臉色變得很凝重，他自己也是醫師，比任何人更明白又一位醫師確診的嚴重性有多大。當下，我們也沒有心思再去檢疫所視導了，直接就返回台北做危機處理。

在回程中，我們心裡都很清楚，這件事絕對非同小可，只要稍有閃失，台灣的防疫恐怕就真的要「破功」了。疫情的火苗已經閃現，如果無法趁火勢不大時趕緊撲滅它，有可能會步上其他國家的後塵，陷入疫情燎燒的狀況。

必勝自動請纓進入部桃，擔任部桃跟指揮中心的溝通橋梁，才能有效處理這些事情。若是部桃危機擴大，醫院內部將人心惶惶，我也覺得中央一定要直接介入，才能穩住軍心，於是就在部桃成立前進指揮所，由王必勝進駐，擔任指揮官，他這一去，就是二十一天。

當時適逢台商回來過年的春節專案，本來就已經用掉許多檢疫隔離資源，因為部桃危機，又增生大量檢疫所的需求，王必勝正好是負責這塊業務的人，比較能夠靈活調度相關資源，由他來進駐最合適不過。

在醫院內部落實分流，比在船上落實分流更困難。因為醫院裡還有病人，醫護人員又有照顧病人的職責，不能說放就放；可是，如果不做好分流，恐怕就會增加傳染的風險。

因此，前進指揮所進駐以後，第一階段的重要任務，是先做好「減壓降載」，也就是「只出不進」，不再收治病人。然後把可以轉出的病人盡量轉出（當然，為避免疫情擴散，轉出病人時一定要採用最高規格來處理），只留下實在沒有辦法轉出的病人（比如重症病人），以減輕照護負擔，同時也騰出空間做徹底的清潔消毒。

部桃是一間員工數高達兩千六百人的大醫院，院方和員工一定會擔心驟然暫停業務之後的生計問題，我們依據《嚴重特殊傳染性肺炎醫療照護及防治發給補助津貼及獎勵要點》規定，核發人員津貼，並給予醫院營運方面的支持，以穩住軍心，專心防疫。

擴大檢疫，不能追著火打火

醫院業務降載、人員重組、環境清消以後，醫院內部的狀況逐漸穩定，但此時又傳來壞消息。

一個原本已經出院的病人確診，更糟的是，他所在區域是我們認定的「綠區」。同一天確診的，還有一個個案907，她是染疫護理師案863的婆婆，不幸的是，那天半夜她老人家就病逝了。這還沒完，那天半夜，有家醫院通報他們有確診案例，某個民眾因為要出國，於是去做了採檢，結果竟是陽性。更糟的是，這個人當時還失聯，萬一傳染給更多人，後果難以設想，只好發動警政單位緊急協尋。

這一夜，真的無比驚悚。

不幸中的大幸是，那位民眾之所以被採檢陽性，是因為剛好實驗室更換試劑，參數的設定有些問題，重新採檢過後，確認是虛驚一場，這位民眾並未染疫。可是，那一天又增加了一個個案908，他是在其他醫院看病，但是曾經跟案889接觸過。

個案連環爆，我當時真有一種鑽石公主號的既視感。

一路走來，我一直把鑽石公主號的教訓謹記在心，但是，當下真的有種似曾相識的不祥感。我們雖然不斷篩檢，但一直被確診個案追著跑，出現確診個案，再追著去做疫調、篩檢、隔離，那種感覺就好像跟著此起彼落的小火災在打火，這裡起火了，趕緊去這裡滅，那裡起火了，又趕緊去那裡滅，但這真的不是辦法，而且，只要一不小心，萬一讓這股「火勢」燒大了，情況就會一發不可收拾。

我們必須痛下決心，築一道大一點的防火牆，把可能的火苗都阻絕在防火牆內，才能徹底熄滅這次災難。

跟蘇貞昌院長討論以後，他也很支持我們擴大隔離檢疫以「設防火牆」的建議，於是，從一月二十二日起，啟動部桃專案，回溯一月六日到十九日這段時間出院的病人、陪病家屬，以及所有相關接觸者，全都要做居家隔離十四天，加總起來，一共有四千八百八十八人須進行隔離。

短短幾天內，要隔離數千人，工程非常浩大，民政、警政單位都必須來支援，也造成許多民眾的不便，真的是勞師動眾。不過，這些努力完全值回票價，「防火牆」建立以後，再出現的零星個案都是在防火牆內的，「火勢」不會再繼續延燒出去。

我們挺過來了

「滅完火」以後，我們也準備進入部桃危機處理的最後一個階段：復原，讓原本就肩負醫療重責的部桃能夠重回崗位，繼續貢獻。

畢竟經歷了這麼大一個風波，若我們無法提出充分的證據，證明部桃危機已經完全解除，是無法讓國人真正放心的。

於是，二月四日，我們決定啟動清零計畫，讓部桃所有員工和外包人員全都接受採檢。而且，我們不只做核酸檢測，針對風險區內的人，還會做血清抗體檢驗，以釐清可能的傳染路徑。

這是台灣對抗 COVID-19 以來最大規模的採檢，而採檢的結果，比我們想像的還要「乾淨」，就連血清檢查也都是陰性的。在部桃爆發危機之初，一直有傳言說部桃院內感染的情況「很嚴重」，血清報告的結果，算是還了部桃一個清白。

從一月十一日第一位部桃醫師確診，到二月七日危機解除，這二十七天以來，雖然險象環生，但天佑台灣，我們總算熬過了部桃危機。

二月十九日，我們舉辦了一個簡單的儀式，宣告部桃正式恢復營運。現場充滿著劫後重生的喜悅，一位醫護人員甚至激動上前給了我一個擁抱。我知道他們的心情，這一仗真的很不好打，但我們打贏了，挺過來了。

從和平醫院的教訓中學習

同樣都是發生在醫院，部桃危機讓很多人聯想到ＳＡＲＳ時的和平醫院。當年封院的決策到底是對是錯，我不予置評。在那種處境下，指揮體系肯定得想一個方法阻止疫情擴散，所以我不會用「對錯」來評斷這件事，只能確定那是一個慘痛的「教訓」，我們一定要從裡面學到一些功課。

部桃危機尚未解除前，當年和平醫院封院的決策者之一：前台北市衛生局局長邱淑媞公開抨擊指揮中心欠缺邏輯，結果反而被網友圍剿，嘲笑她穿「太空衣」進入和平醫院。網友還瘋傳她當年穿戴防護衣、頭罩、氧氣筒，像穿太空裝一般進入和平院區開會的照片，嘲笑她其實「貪生怕死」、「穿得比第一線急救的醫師裝備還要齊全」。

針對這點，我倒是想幫邱前衛生局局長說幾句話，以當時的狀況，指揮官要是染疫，只會讓民心更為恐慌，她做為指揮官，保護自己絕對是正確的，但重點是：保護好自己進入院區以後，到底做了哪些處置？

以物資分配為例，根據媒體報導，當時每天都運送許多物資到和平醫院，但內部沒有建立特殊通道，也沒有人敢送進去，最後物資就被在大廳的人拿走了，住院、確診的反而都拿不到，也難怪裡面的人會慌，覺得和平醫院已成孤島，孤立無援。

若當時能立刻下幾道清楚的命令，建立幾個專用通道有效分配物資，某些部分物資專屬於某區域的人，也只有那裡的人可以出來取，就不會這麼混亂。

在危急混亂的時刻，特別需要清楚的指引。當年的葉金川就扮演了這個穩定局面的角色。他曾擔任過台北市衛生局局長，和平醫院危機爆發時，他在民間任教，臨危受命，自願進入和平醫院協助抗煞。

他坐鎮以後，充分展現出指揮官應有的器度與能力，有章法的規劃動線、分配物資、建立標準作業流程，並且對內部人員信心喊話，在我心目中，葉金川是成功解除和平醫院危機的英雄。

對台灣人來說，和平醫院事件是深刻的傷痕，這個代價龐大的功課，我們不敢忘。這是為什麼 COVID-19 疫情爆發以後，我們第一時間要做口罩實名制。因為情況混亂時，若是不能有效分配，物資再多都沒有用。那些健康、行動力強的人，就有辦法拿到很多物資；但是風險最高，也最需要口罩的人，可能反而拿不到。

在這次部桃群聚感染危機中，我們決定「只出不進」，我不敢說這個決策是絕對正確或完美的，但至少可以確定，我們後續建立的系統是比較有效的，而且從最初的緊急處置、建立前進指揮所到部桃的復原，按部就班去執行所有計畫，遇到困難，就立刻修正。更重要的是，整個軍心還是很穩定，在部桃的人沒有人崩潰，大家知道我們不會背棄他們，也全力配合指揮中心的決策，冷靜度過危機。

心頭要「抓乎定」

身處許多不確定時，最困難的就是「穩」。必勝進駐部桃，坐鎮前進指揮所以後，我打過三通電話給他。第一通是他進駐部桃的第二天，我告訴他：「你心頭愛『抓乎定』（內心要維持冷靜）。」

我從防疫的第一天起，就沒有一天不如履薄冰，就連「加零」時我都還在擔心，更何況是出現本土案例時。擔心是一定的，特別是這次部桃危機，中間有一段追得很辛苦，社會也出現了一些質疑或批評。此時如果指揮官自亂陣腳，只要有人批評就朝令夕改、看到黑影就開槍，怎麼指揮若定？你要是慌，下面的人更慌，事情就更處理不好，所以我告訴他，無論有多少雜音，心頭一定要「抓乎定」。

後來，我又打了一次電話給他，說：「我們都是醫者，也都是仁者，要用同理心去處理事情，處理事情要嚴謹，但處理人不要嚴苛。」

醫護天天都在第一線跟病毒對抗，也都照著標準流程做防護了，去處罰他真的沒有道理。就像我在記者會上對全民呼籲的，這名染疫醫師就好像在前線打仗，已經做好所有的準備，但還是被子彈打到了，難道我們要怪被子彈打到的人嗎？在這個關卡，最重要的就是大家同舟共濟，互相指責或甚至對醫護開鍘，只會讓軍心渙散。

我打給他的第三通電話，是提醒他：「做指揮官的人，一定要把工作分配下去，不能把所有事情都攬在自己身上。」因為疫情瞬息萬變，我們必須把時間保留下來去處理最緊急的狀況。如果指揮官習慣事必躬親，每個任務都綁在身上，萬一真的出現什麼突發狀況，就會措手不及、分身乏術。

這三通電話的重點為：冷靜、同理心以及保留餘裕，正是我負責防疫任務這段日子以來，最重要的三個心得。

醫院管理的寶貴一課

處理部桃危機是很寶貴的一課，讓我們意識到，我們在醫院管理上，還有一些不足，未來應該改進。

第一，醫師在醫院的足跡範圍比我們想像的廣，未來是否有可能透過App或其他方式，讓疫調進行得更有效率？台灣二〇二〇年就已經開發好一個可以記錄足跡的App，很多國家也用類似系統。我們本來考慮要應用在社區，但還是有些個資的顧慮，加上台灣疫情一直控制得還不錯，所以就先備而不用。這次部桃危機，我們深入思考，是不是應該要先應用於醫院？特別是有收治確診病患的醫院？

第二，部桃發生院內感染後，多位扮演樞紐角色的醫護人員都遭隔離，比如說管理許多重要資料的護理長，一旦遭隔離，就會嚴重影響到後續作業的效率。雖然紀錄都在，但最清楚的還是本人，突然間要他人接手，一時間就會出現各種瓶頸。不只部桃如此，台灣幾乎所有醫院都有同樣的問題，未來我們必須強化資訊的統合跟管理，萬一發生變數時，業務才可以順利接軌。

第三，在疫情期間，應該落實專責病房的做法，要編制一組醫護人員專門負責照顧確診病患，這組醫護就不應負擔其他醫療任務。當然，在照護期間也不能隨意趴趴走。人都會累，所以必須編制另一組人以備輪調，而輪調下來的醫護則要落實隔離。雖會增加不少成本，但比起可能造成院內感染，甚至社區感染的風險，這點成本真的不算什麼。

同理心與良善的力量

在部桃危機的試煉中，我也看到了台灣正向的力量。

部桃危機爆發以後，來自全台灣各地的民眾寄來了大量卡片、食物，以及日用品，為醫護人員打氣。當然，不可免還是存在一些攻擊與獵巫的聲音。但台灣很幸運，主流民意都是挺醫護、挺部桃的，面對民眾的盛情與信任，真的很感動，我們怎能不拚盡全力守護住這片土地？

部桃專案擴大隔離檢疫，牽涉到數千人，這麼多人生活被影響，有怨言是人之常情。可是，大家也都以大局為重，願意暫時犧牲個人利益來保護台灣，這就是台灣人敦厚良善的力量。

抗疫兩年多以來，若要說我們指揮中心有任何值得一提的成就，那就是讓大家願意用「同理心」來面對疫情。

不管是做疫調、做隔離，我們都非常需要民眾的坦誠與配合，同時也需要各級單位和各個地方政府的通力合作。兩千三百多萬台灣人，或許立場與觀點不同，但絕大多數人都願意體諒包容，這種全民高度「同心」的特質，在其他國家是很難得見到的，彌足珍貴。

隧道盡頭的亮光

面對疫情，全世界都把希望放在疫苗上，各國也都有自己的計畫。只是這計畫是否趕得上變化，也沒人說得準。

針對疫苗這議題，戰略上當然要積極採購，此外，也一定要能自主研發。前期我們希望能跟國外採購，到二〇二一下半年，則希望國產疫苗能夠接棒。

我們積極引進疫苗，是希望早一點安國人的心，這個道理就好像銀行若是有問題，民眾就會恐慌擠兌，必須讓民眾了解銀行有足夠的現金（疫苗），才會比較安心。但在盡快引進疫苗的同時，我們的重點還是會放在防疫上，為台灣爭取更多觀望的「本錢」。

以前，研發任何疫苗都必須經過極嚴謹的實驗，歷經多年才問世。但因為COVID-19疫情緊張，疫苗不到一年就被催生出來，我們當然會擔心疫苗的有效性、安全性，或是對特殊敏感族群造成不良反應等，這也是我們之所以這麼認真防疫的原因。國內若沒有什麼疫情，就比較不用急著打，可以檢視更多數據，之後穩紮穩打安排接種的計畫，把風險降到最低。

二〇二〇年十月，我們做了一個民意調查，有六成五受訪的台灣民眾願意打疫苗。願意打的人裡面，有百分之八十的人有觀望心理，表示要先看別人打疫苗的反應再來接種。二〇二一年一月，又再做了一次調查，願意接種疫苗的比例仍跟上次差不多，大約也是百分之六十五，但因為部桃事件，願意接種的人中，有百分之三十幾願意先打，觀望的比例降低。我們當然希望能夠讓台灣變成一個更安全的地方，為民眾爭取比較多安心等待的時間。

截至二〇二一年二月底的資料，全球平均每十萬人，就有高達一千四百七十三・五人確診，平均每十萬人口會有三十二・八二人死亡；而我國平均每十萬人口，僅有四人確診，每十萬人口死亡數為零・零四人。台灣幾乎可說是全世界最「乾淨」的地方，在世界上恐怕很難找到人口規模夠大、經濟實力不錯、感染率又如此低的國家，我相信對疫苗廠商來說，台灣絕對是個值得爭取的市場。

我們確實比其他國家更有條件觀望，同時也比較有餘裕擬定更有效率的接種計畫，一旦疫苗確定開打，就能在短時間內，盡快達到期望的涵蓋率。

其實，就算打完疫苗，我想恐怕還是得維持相當一段時間的自我約束，才能確保安全。不過，有了疫苗之後，至少像是看到隧道盡頭的亮光，有個可以期待的目標。若各國國民都願意多忍耐一段時間，配合公共衛生政策，疫情的終止，是可以盼望的。

願多年之後，我們重新回想起這段時間，不是痛苦的創傷經驗，而是同心協力、成功度過難關的喜悅。

抗疫夥伴談陳指揮官

心頭抓乎定，才能守住台灣

王必勝　醫福會執行長

二〇二一年一月十八日，醫福會執行長王必勝進駐發生群聚感染危機的部立桃園醫院擔任前進指揮所指揮官，這一去，就是二十一天。

危機落幕後，二月七日王必勝再度現身螢光幕前時，增生了許多白髮，這段時間的壓力之大，可想而知。

一月十一日，王必勝一得知部桃有醫師確診，心中就有不祥預感。醫師有門診、有會診，還會在不同護理站穿梭，活動範圍很難掌握，若是染疫，影響範圍恐怕會比護理師更大。

二〇二〇年三月，桃園曾發生長照機構護理師染疫，王必勝還記得，接到通報電話已是晚上十點，他跟中央流行疫情指揮中心指揮官陳時中才剛下班，正在吃飯。陳時中一得知消息，當機立斷，馬上趕赴現場分配任務，要王必勝召回實驗室人員，連夜進行採檢，同時立刻安排隔離場所，把長照中心住民全數移到那裡進行隔離。

這一夜，過得驚險萬分，但隔天中午前，就已經完成所有採檢，在下午兩點召開記者會前，事態就已完全控制住了。

「那一天，給國人的印象是：好像睡一覺醒來以後，所有事情都處理完了，世界又恢復和平。」王必勝說。

回望整個二〇二〇年，台灣有驚無險的度過了多次危機，除了桃園長照中心護理師感染這次，還有白牌司機引發的群聚感染、鑽石公主號兩千名遊客下船趴趴走、武漢包機名單夾帶確診者、敦睦艦隊官兵染疫……，哪次不是危機四伏、險象環生？但每一次，也都能在很短的時間內就平息。

但是，二〇二一年開年就遇到的這個「對手」，似乎更加難纏。從部桃第一位醫師確診以後，壞消息就沒停過，這一次，似乎沒辦法讓民眾「一覺醒來，世界就恢復和平」。

一月十八日那天，陳時中與王必勝原本計劃要去台南視導檢疫所，不料半路就接到一通電話，又一位醫師確診。「我原本是天性樂觀的人，但我想我當時的臉色肯定是整個『青恂恂』。」

王必勝表示，病毒一旦擴散，情況很快就會失控。他看過國外確診數的統計圖表，一想到那個陡峭暴增的曲線幅度，忍不住就頭皮發麻，「若沒有處理好，事情會非常大條，島上這兩千三百萬人的平靜生活，在短短幾天內就會變成地獄。」

王必勝跟陳時中簡短討論過後，兩人很快取得共識，在部桃成立前進指揮所。王必勝回家簡單收拾一下行李，就臨危受命進駐部桃擔任指揮官。

把心力放在最重要的地方

這二十一天，真可說是驚濤駭浪，「每一次覺得情況好像快控制住了，又被重重打一拳、踢一腳。」王必勝說。

王必勝中間是否擔心過會「守不住」？他坦言，當然會擔心。但是，擔憂沒有意義，只能盡全力解決問題。

在這段期間，陳時中曾經打過三通電話給他，第一通，要他一定要「心頭抓乎定」；第二通，提醒他：「醫者也是仁者，處理事情要有同理心。」第三通，則是告訴他：「不要把所有事情都攬在身上，要保留餘裕應付最緊急的狀況。」

特別是「心頭要抓乎定」這個指示，就像是顆定心丸，幫助王必勝心無旁騖、有條不紊處理部桃危機。他進駐部桃後，就把全副心力都放在處理問題上，完全不去看電視或網路上的批評，避免自己受到影響。

「所以我是『出關』以後，才知道那段時間原來有人罵得這麼凶。」王必勝笑說。「而部長『段數』比我高的地方就是，我是不看就不被影響，但他是看了也不會被影響。」

跟陳時中共事這麼久，王必勝觀察，陳時中之所以可以獲得大多數民眾信任，其中一個很重要的原因是：「他很『穩』，專心做事，不浪費心力打口水戰，永遠『心頭抓乎定』。」

他還記得，第一次武漢包機，明明被塞了一個確診者，但國台辦質疑我方造假，還洋洋灑灑提出七大疑問。王必勝一看到這顛倒是非的「七大疑問」，忍不住火冒三丈，也寫了篇文章想駁斥，但陳時中看完，卻只是淡淡回了一句：「你理他幹麼？」

對陳時中來說，兩邊各執一詞，回應這種事，只是陷入口水戰的泥淖，完全沒意義。既然事實證據就是如此，就不需再多費口舌吵架。要煩惱的事情已經夠多了，如果針對每一個不實指控都要花大把精神解釋，得浪費多少時間？

王必勝笑說，有時遇到一些荒腔走板的事情，忍不住就會有點氣急敗壞，但陳時中永遠一派氣定神閒的模樣，「他不會批評，只是意味深長看我一眼，然後默默把眼光移開。」看陳時中的反應如此波瀾不驚，王必勝也就覺得好像沒必要大動肝火。把事情做好才是最重要的，其他雜音，不必放在心上。

流完淚，就無敵了

在王必勝印象中，陳時中一直是喜怒不形於色、極少流露情緒的人。唯一比較「激動」的一次，就是第一次武漢包機，知道有確診者被夾帶上機後，陳時中在記者會時忍不住落淚。

「在這種高壓下，又發生了那種事，再堅強的人都會覺得很崩潰吧！」王必勝表示，開記者會之前，陳時中已經超過一天沒有睡覺了。前一天晚上，他在台中處理集中檢疫所的事，待事情處理到一段落，已是清晨，又急急忙忙趕回台北開八點鐘的記者會，中間還要跟各縣市首長協調檢疫所相關事宜，下午兩點再開一次記者會……結果，第一次武漢包機，不但塞很多名單之外的人上來，甚至還讓一個確診者上機。

王必勝認為，與其說是因為武漢包機上有一個人確診而落淚，不如說是從疫情爆發以來，長期緊繃的壓力到達一個臨界點，「但我覺得也好，流完眼淚，過了那個關卡，他就無敵了。」

果然，正如王必勝所言，在落淚事件之後，陳時中的意志力反而變得更堅強，這之後，他的心頭才真的已經完全「抓乎定」了。無論外界如何，都能不動如山守好防疫，擋下了一次又一次險象環生的危機。

用同理心防疫

在部桃危機中，除了第一通「心頭要抓乎定」的電話，第二、三通電話中強調的「同理心」與「留餘裕給緊急的事」，也讓王必勝受用甚多。

「同理心」，一直是陳時中防疫風格的主旋律。王必勝表示，根據《嚴重特殊傳染性肺炎防治及紓困振興特別條例》第七條*，指揮官可以為了防疫需要，大幅限縮人民自由或祭出非常嚴厲的罰則，換句話說，這就像是一把授予疫情指揮官的「尚方寶劍」，「他絕對有權力可以弄得很嚴厲，甚至搞得跟戒嚴一樣，但他沒有。」

相反的，陳時中告訴王必勝，愈是如此，使用權力就要愈謹慎。跟民眾溝通時，盡可能要「以關懷代替處罰」，做大量的溝通和宣導，讓國人願意自發配合政策，防疫才能奏效。獵巫或是嚴刑峻法，只會造成寒蟬效應，反而不利於防疫。

在部桃危機中，王必勝剛進入部桃時，大家也人心惶惶。他在解決問題的同時，也花費許多心力安撫人心，這也是從陳時中身上學到的本事，「你必須先跟大家站在一起，人家才會心甘情願跟你並肩作戰。」

暖心，所以願意並肩作戰

疫情凶險，只要多拖一刻，就有可能衍生各種變數。過去這兩年多以來，王必勝跟著陳時中做防疫工作，除了多線同時進行各種防疫工作，還得應付突發狀況。比如，寶瓶星號返港、桃園長照中心護理師感染、敦睦艦隊危機，乃至於部桃群聚感染，都必須要用極快的反應速度處理問題，經常半夜得增調各路人力來支援篩檢、檢疫或其他需求。

不管問題多棘手，陳時中都能頂著壓力，果斷分配任務、調度資源，隔天親上火線跟民眾說明。王必勝表示，民眾可能無法想像，每天下午兩點指揮中心所召開的記者會，背後得經過多密集的努力，「記者會後，只有兩個半天（當天下午到傍晚，隔天上班到中午以前）可以處理各種狀況，所有問題，都必須在隔天記者會前有個結論和進度。」

＊中央流行疫情指揮中心指揮官為防治控制疫情需要，得實施必要之應變處置或措施。

由於陳時中經常忙到晚上，還是馬不停蹄到處視察，身兼全台部立醫院管理者、同時也是集中檢疫所負責人的王必勝，就被媒體封了一個外號：「不讓部長睡覺的醫師」。對此，王必勝忍不住想「申冤」，「這都是他自己的決定，而且，到底是誰不讓誰睡覺啊？明明是我們被交辦要限時完成任務耶。」

王必勝坦言，跟陳時中在一起工作的壓力的確很大，工時長、應變速度要極快，加上他又是個標準的「數字控」，所有決策都要有所本，沒有數字可以逃過他的法眼，跟他共事絕非輕鬆的事，經常得熬夜加班，甚至身赴險境。但為什麼團隊都樂意相挺，沒有把陳時中當作是酷吏呢？

「他其實是一個『面惡心善』的長官，」王必勝表示，陳時中平常不苟言笑，樣子看起來很嚴肅，「但他對下屬的耐心，應該是我看過所有長官裡最好的，我從來沒看過他發飆責罵下屬。」

當下屬在忙時，他自己也絕對不會閒著。王必勝表示，陳時中並不是擔任防疫指揮官以後才這麼行程滿檔，過去他就很習慣長時間工作。以前他們一起到處視導時，行程也都像跑馬拉松一般，疫情爆發後，陳時中更是沒日沒夜，在疫情最緊張時，乾脆把床搬到指揮中心，以辦公室為家。

因為能休息的時間實在不多，陳時中練就了一種「特異功能」：只要有任何零碎時間，都可以用來補眠，不但可以在車上睡，就連坐著也能瞇一下，只需要一點休息就「充電完畢」。「我只能說，他真的是『鐵人』。」王必勝說。

但再疲累，還是不忘要關心夥伴。首波武漢包機飛回來，乘客都送檢疫所了，明明已經忙碌了一整天，但他還是親自到現場去盯到最後一個乘客進房間他才離開，「原因不是他不信任大家，而是特地要去慰勞現場人員。」大家一看到指揮官出現，果然都很興奮、士氣大振，「這就是他暖心的地方。」

而且，面對各種壓力，陳時中都是身先士卒，不會讓下屬孤軍奮戰。「他有肩膀，你幫他做事，有任何問題他都會扛下來，所以我們當然願意盡全力去做。」

部桃危機發生後，陳時中不但沒有苛責染疫醫師，反而要王必勝特別去關心染疫的醫護，用同理心來管理，穩住部桃，甚至全台灣原本恐慌的人心，大家攜手共度難關。

深深的肯定，重重的託付

做為胸腔科醫師，王必勝也參與過ＳＡＲＳ那場戰役。雖說ＳＡＲＳ致死率較高，但影響範圍較小，疫情蔓延時間也短。但COVID-19卻讓全球都陷入浩劫，疫情從二〇一九年開始，延燒多時仍未見絲毫緩和跡象，而台灣卻彷彿像個平行時空，儘管有危機，卻一次次有驚無險，平安度過。

二〇二〇年六月，疫情比較緩和時，陳時中曾親筆寫了一些卡片感謝團隊成員。在給王必勝的卡片中，寫的是：「使命必達」。這是深深的肯定，也是重重的託付，王必勝戒慎恐懼，不敢辜負所託，這也是為什麼他多次自願請纓到第一線的重要理由。

回想一路走來抗疫過程中的點點滴滴，王必勝還真是感觸良深，「這段時間，真的發生太多事情了。」

他還記得，二〇二〇年春節前，原本跟陳時中約好，年假時要好好放鬆，「相揪」要去打球、吃飯，誰知道，中國的疫情卻一發不可收拾。從那時開始，兩人就沒有一天得閒了，挑戰是一樁接著一樁，壓力彷彿永無止境，但感恩的是：做為「戰友」，他們也是關關難過關關過。

雖然勞累，但能夠身為防疫團隊的其中一分子，跟大家並肩打過這美好的一仗，達成保護台灣的使命，王必勝深覺與有榮焉，「人生有這個經驗，也算不枉了。」

05:00

第五部

持續改革

第十三章 ● 健保是開銷，還是投資？

在思考健保未來改革的方向時，應該先回到一個很基本的問題，那就是：對於健保，我們到底是怎麼看的？

到底是把健保當作一種「開銷」？還是「投資」？

開銷跟投資是南轅北轍的思維，若是「開銷」，首先想到的當然就是要「省」，但如果是「投資」，則恰好相反，應該要投入，思維方向不同，結果就完全不一樣。

長期以來，台灣一直把健保當作醫療開銷，而不是一種健康投資。儘管國人的壽命已經升到八十．七歲，足以跟OECD（經濟合作暨發展組織）國家比肩，但如果用單純的絕對金額比來看，目前的醫療支出卻僅占GDP的百分之六至七，而OECD國家是百分之九、十起跳，這樣怎麼能夠期待我們的健康投資是足夠的呢？

短時間內，或許還撐得住，因為現階段其實是在「花以前的錢」，也就是說，我們是在「吃老本」。

目前的醫療人才，都是二十年前在各醫藥、衛生等相關院所學習，受過訓練後進入社會服務大眾。因為是過去養成的人才，並不會因為費用低而變少，但如果持續把醫療當作「開銷」，一心只想要「省」，而不投資醫療人才的養成，未來的二十年可就苦了。人才的養成並非一蹴可幾，到時就算覺得情況不對想修正，也緩不濟急。

雖說醫療是神聖的社會任務，但絕不能忽視經濟誘因的重要性，總不能要求醫護人員僅用道德感或使命感支撐醫療體系吧！已經在線上的從業人員，只能繼續努力，但若醫療從業人員的待遇一直無法合理提升，就會影響到未來人才的投入意願。

投資為什麼這麼重要？舉例來說，台積電之所以能夠躋身世界一流企業之列，就是因為他們無論在研發人才、技術、設備以及管理等方面，都很願意投資，資本支出很高。試想，假設台積電現在每年的資本支出硬生生「省掉」三分之一，恐怕不用五年，台積電就不再是偉大的台積電了。假設你要買股票，一家不做資本投入的公司，你相信會有什麼成就嗎？

我覺得，在思考健保費是否要調整的問題時，也應該思考：若以健康為前提，需不需要再投資？

健保量能付費、基本平等健康權的精神固然很好，但不能只把健保當作「開銷」，而應該把健保視為「健康投資」，需要用「投資」的觀念來使用健保費，這樣才能對全民健康形成正向的影響。

健保費調漲勢在必行

多年前，我在衛生署擔任副署長期間，當時的核心任務是「救火」——改善健保財政問題。當年我就認為，應該要調漲健保費，但是當時各方面的條件都難以配合，最後只能用多元微調的方式，暫時解決燃眉之急。

在健保實施十年的時候，我就注意到那時健保費用幾乎翻高了一倍之多，如果十年前就知道費用會增加一倍，當初用一倍的預算來規劃這十年，是不是就可以讓這筆錢用得更有效率？

健保的給付是一年給一個總額，大家在規劃健保的支付時，都是一年一年去規劃的，每一年費用成長百分之四、五，看起來好像不多，倘若把時間拉長一點來看，就會發現費用增加的幅度挺驚人的，二〇〇三年時，健保總額是三千七百六十二億，現在是七千五百二十六億，十七年又翻了一倍。

若能事先做長期規畫，而不是只考慮隔年的需求，搶食有限資源，很多事情就可以做更有遠見的處理。

國人平均餘命並沒有比OECD國家少，但醫療費用（占GDP比例）卻只有他國的三分之二，這樣的醫療投資顯然是不足的。但現階段也不太可能大幅增加投資，把費用補到接近OECD國家的百分之七，甚至百分之九，但至少要維持住最起碼的投資。

目前現實的狀況是：醫療需要的成長率，比已定下來的保費費基成長率高，整體高了大概百分之一點多。隨著人口年齡結構快速高齡化，以及精緻醫療的需要提升，若不即時調整，到時肯定是捉襟見肘。

我擔任衛福部部長之後，也跟社會保險司合作，做了四到六年的健保相關支給付改善計畫，希望能用比較長遠的眼光，跟醫界消費者進一步溝通，更有效率的運用保費。

全民健保開辦二十五年以來，只漲過兩次，每次都以政務官下台做為代價。我內心明白，要動到國民的荷包，絕對是件大事，必然會產生相當大的壓力。但是，這也是一件「必須做」的事情，而且刻不容緩，就算真的會因為這件事情下台，還是應該堅持做下去。

截至二〇二〇年底，健保短絀將達六百七十六億元、安全準備金只剩下一．八八個月，到二〇二一年，短絀金額將擴大到七百七十一億元、安全準備金則將低於一個月，我們一定要採取行動。因此，整個二〇二〇年，除了認真防疫以外，我也不斷跟國人溝通，調漲健保費勢在必行。

二〇一九年最後一天，我們舉辦記者會，確定二〇二一年元月起，將調漲健保費率到百分之五・一七，受雇者平均每人增加六十三元，七成以上每月增加七十元以內；以月薪兩萬四千元、三萬元、七萬元及十八萬元為例，每人每月分別增加三十四元、四十四元、一百零五元及兩百六十二元。至於原本就接受政府全額補助的替代役或低收入戶，保險費則完全不受影響。

我誠懇希望全體國人都能夠理解，漲健保費是為了大家的健康著想，這是一種必須的投資。

終止浪費，從觀念的翻轉開始

漲健保費，並不是只期盼達到年度收支平衡就好，更重要的是，希望能夠有更多的資源，去做「體質性」的變革。

其中，最重要的「投資」之一，就是「教育」。

很多人都詬病健保存在很多「浪費」，諸如臨終的無效醫療、重複醫療、藥物浪費等。但這些浪費，並不是短時間之內就能夠扭轉的。

舉個最明顯的例子，植物人長期使用呼吸器維生，大家都知道這是「浪費」，我想病患本人若有知，恐怕也不願意這樣「活著」。

問題是：誰要去拔呼吸器？誰有權力剝奪他的生命？這就是明知是「浪費」，可是現階段根本不可能改變的。我們應該努力去做的事情是：「預防」未來可能發生的無效醫療浪費，例如，讓民眾充分了解《病人自主權利法》（簡稱《病主法》）的精神，理性預約自己的臨終方式，充分落實善終權，未來就可以避免面臨這種問題。

也有很多民眾詬病，台灣人太愛看醫生了，很浪費。可是，有一點弔詭的是，民眾自己看醫生時通常不覺得浪費，卻常覺得別人看醫生就是浪費。健保署曾針對醫療資源浪費的情形，對民眾進行認知調查，有百分之六十七．五的民眾覺得別人有浪費醫療資源的情形，可是問到自己或家人有沒有浪費，近八成受訪者卻都不覺得有這種情形。

關於「小病也跑去看醫生」或「太常看醫生」這類批評，我倒是持中性態度。我不反對民眾多看醫生，多看病不見得不好，有小病就去看醫生總比演變成大病再來處理好，意識到健康出問題，多跟專業人士溝通其實是好事。

那種一年會看上百次醫生、就醫成癮的極端個案其實不多，這類個案或許可以透過行政手段來解決；但絕大多數民眾並沒有就醫成癮的傾向，產生浪費的癥結不在於民眾「小病看醫生」或是「看太多醫生」，而是「小病就跑大醫院」或是「重複檢驗」。

要解決這樣的問題，應該是要多跟民眾宣導「分級醫療」的觀念，國人若有健康疑慮，多看病無妨，但應該是多跟家庭醫師討論，不要所有的病都要到醫學中心或找名醫看。

除了跟民眾宣導分級醫療的觀念，更重要的是：要落實國民健康教育。

根據健保署公布二〇一九年的十大最燒錢疾病費用排行榜，第一名是慢性腎臟疾病，費用高達五百三十三・一六億元；其次依序為糖尿病（三百零九・六億元）、齒齦炎及牙周疾病（一百八十億元）、齲齒（一百六十六・四六億元）、高血壓（一百四十・二七億元）、到院抗腫瘤治療（如放、化療或免疫療法）與緩和照護等特定照護（一百三十四・零五億元）、呼吸衰竭（一百二十五・一六億元）、慢性缺血性心臟病（一百二十二・六六億元）、思覺失調症（一百一十五・零九億元）、支氣管及肺惡性腫瘤（肺癌）（一百一十・一二億元）。

大家有沒有發現，以上提到的很多疾病，像是慢性腎臟病、糖尿病、牙齒跟口腔的問題、高血壓等，都是跟生活習慣息息相關的疾病？

倘若國人能夠建立正確的健康觀念，包括飲食、體重控制、口腔清潔、身心靈的調整等，就能有效預防或延緩慢性病的發生，或即便得病，也能夠有效控制住，如此就可以減少健保的浪費。若大家都沒有保持健康的觀念，最後終究只能一直「補破網」。

健康教育是很重要的，國人健康習慣愈好，慢性病就愈少，當然醫療費用也會愈省。

但這兩件事情（健康觀念的建立與醫療費用的節省）之間是有時間差的。做健康教育的投資，絕不可能是今年做，明年費用就大減這樣立竿見影。可能要經過十幾年甚至數十年之久，才會實際上反映到費用的節省上。

過去，因為「教育」這件事，無法立即看到效果，加上這件事表面上看來又不是「尖端」、「卓越」的項目，因此大家都不太願意投入。但這種「打底」的基本功其實是很重要的，想要節省健保費用，釜底抽薪之計，就是「預防」疾病的發生。一開始因為投資增加，費用的斜率會比較陡峭，但隨著時間過去，國人若能建立正確的保健觀念，十年、二十年後，醫療的費用省下來了，費用增加的斜度就會漸漸趨於平緩。

生活習慣到底對疾病的預防有多重要呢？舉個大家比較熟悉的例子，二〇二〇年，全體國人為了防疫，戴口罩、勤洗手，結果不但降低了 COVID-19 傳播的風險，就連過去經常在秋冬肆虐的流感、腸病毒也都被阻絕了。

以數據佐證，會更清楚：台灣二〇二〇年秋冬打流感疫苗的數量，其實跟前一年差不多，但流感併發重症的通報病例跟過去差很多，從二〇二〇年十月一日到二〇二一年一月一日這段期間，台灣只有一個流感重症，前一年同期（二〇一九年十月一日～二〇二〇年一月十三日）有高達七百一十二個、再前一年同期（二〇一八年十月一日～二〇一九年一月十三日）是三百個。至於因為流感重症死亡的病例，這三段期間則分別是：零人、一百一十一人與四十八人。不只流感，二〇一九年十月一日到二〇二一年一月十三日這段期間，跟去年同期比，腸病毒的染病人數也銳減了九成之多，差別非常明顯。

像流感、腸病毒這種傳染病，只要建立良好的預防習慣，就可以馬上看到效果。而慢性病的預防雖然沒有這麼快，但同樣也是可以透過好習慣的建立，最後達到降低風險的效果，而這些觀念，都要靠「教育」來扎根。

「回家」看病有何不可？

關於健保的另一項常見爭議是旅外者回台使用健保。部分長年居住在海外的人，生病後特地回台灣使用健保看病，有些很高調，有些則一口氣用掉很多的費用，難免讓國內民眾觀感不佳。

現行的規定是：預定出國六個月以上的民眾，可依法辦理停保，停保期間不用繳保費，回國後可以立刻辦理復保；倘若民眾出國滿兩年，戶籍就會被遷出，健保亦會隨之退保，但只要在四年內回台並辦理戶籍遷入登記，就能立刻恢復健保身分；超過四年才回台的民眾，則必須經過半年的等待期，才能重新加保，但受雇者可立即納保。

商業保險是不能隨意停保的，也不能有病時才加入，但是，健保跟商業保險的理念本來就不同，遇到上述這些課題，不能用商業保險的經濟手段來處理。健保是強制的社會保險，只要有台灣人資格就要保，目的是希望透過這個強制險，來保護國民。

但是，除了國民以外，針對來台灣工作的外國人，基於讓社會穩定的考量，也會讓他們保，如此就會產生一個值得進一步思考的問題：我們可以對「外人」好，為什麼反而跟「家人」計較呢？

我可以理解，對於長期住在台灣、老老實實繳保費的國人來說，聽聞某些旅外者回台灣使用健保看病時，難免會有一種「他們好像在占我們便宜」的感覺；但從另一個角度看，我們提供在台工作的外國人這個保護傘，相較之下，是不是更該提供「自己人」保護呢？

有人說：「這些人平常沒有想到台灣，有病才要回來用資源！」我還是希望大家想一想，一個在海外的人，有病痛了，他想到的是母國，這並不是一件壞事。在異鄉遇到困難，想回自己的家，這不是天經地義嗎？長久以來，台灣一直很努力跟僑民保持良好關係，希望他們在國外多替台灣發聲，怎麼在健保上反而要把人家排除？

的確有少數旅外人士高調使用健保，但又不認同台灣，說出對台灣不是很友善的話，讓國人非常反感。但大家須有一個認知：這些人終究是少數，並不是所有僑民都是這樣。

大家都是一家人，互相指責是沒有意義的，應該思考出一個比較中庸的做法：在全面保護國人的同時，又能兼顧健保精神與公平正義。

這牽涉到幾個議題，首先，健保是量能付費的，但旅外國人收入在國外，資料相對不齊全，我們要思考，該如何做，才能有效執行量能付費。

此外，台灣健保的預算中，政府負擔百分之三十六，這些錢是從納稅人的稅金來的，可是旅外者並不是在台灣繳稅，這部分要如何取得平衡，也是未來要解決的課題。

我們會持續與各界溝通，並提出相關的修法，縱使無法達到百分之百的完美，至少希望能夠找出一個相對「合理」的方式，讓所有國人都能心安理得使用健保。

不只是打平，而要改善體質

不管是國民健康教育的提升、健保精神的發揮，或是公平正義的促進，未來還有許多工作要做。但一切的努力，都應該回到一個基本認知：健保應該是對全體國人的健康投資，而不是開銷，目標不能只是「打平」損益，而要改善健保的體質。

若以長遠的眼光來看，理想的健保必須為將來厚植醫療人才庫、投資新藥與新儀器，並改進管理體系做準備，有了這個大架構，訂出目標與需要的資源以後，再來考慮要如何在最小成本下滿足這些條件；而不是沒有健康投資的藍圖，就只是執著於要如何才能花最少的錢，最後犧牲掉的是醫療品質，這對國民來說，無異是損失。

只有把思維從「開銷」調整為「投資」，在有目標、有架構的前提下，配合薪資結構調整，規劃健保的給付與支付面，才是國人之福。

第十四章 ● 讓食安歸食安，政治歸政治

去年有記者問我，是不是之後想選台北市長？我回答他，我身上還背著三支箭：「疫情」、「健保」還有「食安」，這三支箭都是壓力很大的任務，說實話，我還真的沒有餘裕去想個人的「下一步」，只希望能夠把這幾個攸關民眾健康的議題，都好好處理妥當。

圍繞食安的兩大爭議，第一個是「開放美豬」，第二個則是「福島食品解禁」。

但坦白說，因為這兩個議題引發的各方爭議中，政治角力的成分，恐怕比真正的食安顧慮多，甚至有部分人士直接把「美豬」稱為「毒豬」，福島食品稱為「核食」。

在各路真假消息紛紛的情況下，民眾心裡難免會產生各種疑慮，但是，事實真是如此嗎？政府真的罔顧國人身體健康，把有毒或有輻射汙染的食物進口到台灣嗎？

衛福部做為食安的把關者，對於任何進口到台灣的食品都有相關的嚴格檢驗機制，我希望國人在聽完我的解釋後，心中疑慮能夠稍減。

先說美豬。開放美豬的第一個爭議就是：為何政府「昨非今是」，過去反美牛，如今卻開放美豬？

二〇一二年美牛叩關時，當時CODEX*還沒有訂出容許量標準，大家都不知道到底萊克多巴胺這種東西安不安全，當然會有人強力反對。但是，現在已經有CODEX的國際標準，而且，經過了八年，不算短的時間，不管是台灣或國際上，都沒有出現因為萊克多巴胺引起的食安問題，這些或許都可以說明，美豬美牛並沒有大家一開始擔心的那樣「危險」。

＊Codex Alimentarius Commission，聯合國國際食品法典委員會，是一個由聯合國糧農組織（FAO）和WHO所成立的國際組織，宗旨為制定與食品相關（如食物製造環境、添加物殘留和運輸保存環境等）的安全標準。

我覺得這件事的邏輯思考應該是這樣：開放美牛八年，並沒有造成食安問題，八年前贊成開放的人，現在應該要得意自己當年的判斷是正確的；而以前反對的人，或許可以坦率承認當年的確是多慮了點。但美豬開放以後，兩造立場完全顛倒，若雙方各執一詞打口水戰，根本沒有辦法進入比較理性的討論。

從科學數據來看萊豬安全性

美豬爭議的根本問題應該是：美豬中可能殘留的瘦肉精萊克多巴胺到底安不安全？

基本上，如果某項物質可能會有遺傳毒性或致癌性，是不可以用在食品上的，更不可能訂ADI（Acceptable Daily Intake，每日可接受安全攝取量）。若沒有這些問題，則「相對」安全，才可以進入食品，此時要考慮的是：吃多少是安全的？因此，才會訂定出ADI。用更淺白的方式來解釋ADI，就是每個人每天可以吃進的最大量、且吃一輩子也不會產生風險的量。

毒理學常使用「無可觀察不良作用之劑量」（No Observed Adverse Effect Level，NOAEL）做為準則，簡單說，就是攝取某樣東西，在特定量以內是安全的。由於很多東西無法大規模用人體做試驗，NOAEL的數值可能是用動物試驗做出來的結果，真的在訂定ADI時，考量到物種的差異性，會把試驗的安全量先除以十；此外，考慮到每個人的敏感度不一樣，有些族群像是孕婦、有慢性病的人，可能會特別敏感，又會再除以十，也就是把NOAEL除以安全係數一百，才得出ADI*。

根據日本、澳洲、JECFA（Joint FAO/WHO Expert Committee on Food Additives，聯合國糧農組織與世界衛生組織的食品添加物聯合專家委員會）†的評估，成人每公斤體重的每日萊克多巴胺ADI值是一微克，也就是一個體

* NOAEL／〔10（實驗動物到人類的物種間差異）×10（人類族群中個體間差異）〕＝ADI

† JECFA是CODEX轄下的專家委員會之一，宗旨是針對食品中的汙染物、動物用以及食品添加物進行科學性評估，並依評估結果，向CODEX提出食品衛生標準、農藥及動物用藥殘留標準等建議草案。

重六十公斤的成人，一天最大的安全攝取量是六十微克，以此標準對照萊克多巴胺殘留容許量去計算，等於每天要吃六公斤豬肉之多，才會超過ＡＤＩ。

我們在訂ＡＤＩ的標準時，並不是用正常的攝食量，而是拿一個很極端的量：假設真的有民眾每天都吃大量豬肉，一天吃六塊豬排、一副豬肝、一副豬腎……而且是經年累月的每天吃，即使這樣狂吃，算起來都不會超過ＡＤＩ，我們才認為是安全的。

而且，我們甚至還比國際的標準更保守。我們假設有些民眾真的是超級大胃王，非常會吃，又吃很多內臟，考量這樣的極端值，因此針對內臟（可能含萊克多巴胺較高）的部分，我們又再賦予百分之七十的乘數，把萊克多巴胺的殘留容許量壓低至 0.04ppm，這個數值遠比ＣＯＤＥＸ算出來的安全量或其他國家（日本是 0.09ppm）能夠容許的值還低很多。

也就是說，就算有人真的很誇張的每天狂吃巨量豬肉與內臟，他的身體也不會因為萊克多巴胺產生問題。

之前有記者問我：「部長，那你願意帶頭吃萊豬嗎？」我回答說：「我願意，只是我有三高問題。」然後就被部分媒體或在野黨立委斷章取義成：因為陳時中有三高問題，所以「推託」不能吃萊豬。這其實不是我的意思，我當下要表達的完整意思是：每天吃這麼大量的豬肉、豬內臟，對健康本身就很不利，你根本還沒機會去煩惱萊克多巴胺會對你產生什麼衝擊，恐怕就已經先出現高血壓、高血脂、高血糖之類的三高問題了。這些慢性病對健康的危害，才是更立即的。

來豬沒萊，有萊必追

至於也吵得很凶的標示問題，姑且先不論刻意標示區隔會不會影響國際貿易的談判，重點是：既然已經訂出安全值，不安全的根本不能進來，既然都會清楚注明產地，刻意標示含不含萊克多巴胺的意義到底是什麼呢？

萊克多巴胺並非唯一有殘留值的東西，光是動物用藥，食安要查的就有一百四十幾種，此外還有近四百種的農藥和近八百種的食品添加物，難道每一樣東西全都要標示出來嗎？

國家要做的把關是：確保進口的豬肉是「安全」的，而之後的選擇，就是純粹的交易行為。在自由民主國家，交易行為不是法律強行規定的，而是遵循市場法則。如果大家還是有疑慮，自然就會避開，去選擇本土豬肉或其他國家的豬肉。

政府在這一整個經濟行為中，扮演的是一個「規範者」的角色，我們的責任是：透過源頭管理、輸入邊境查驗、國內市場稽查及清楚標示，來保障食品安全與資訊揭露。

若有業者要使用含萊豬肉，我們就要去查核這些商業行為是否誠實，確保消費者買到的是商家標榜的商品，要不要進口或使用萊豬，業者可以自己選擇，但你不能明明用的是萊豬，卻對消費者謊稱不是。

這段時間以來，我們輔導了二十三萬家廠商，就有人問了：「那你們有每一家都去驗嗎？」我可以誠實告訴大家：當然不可能每一家都去驗。但政府還是可以充分做到把關。我們抓緊的是「源頭」，源頭每一批都驗，驗到有的，就可以即時登記這批貨的流向，掌握它流動到什麼地方，持續追蹤。如果對方有標示清楚是美國豬，那就沒問題；但如果明明有卻硬說無萊，當然就不行。

有人說，做成加工食品了，誰知道是不是萊豬？其實，加工食品反而相對好追蹤，工廠幾乎都在第一層、第二層流向，很容易就查得到，通常業者不會冒這個險。

也有人說，從二〇二一年一月開始，萊豬就會「大舉進攻」台灣，但事實上怎麼可能呢？一個產品在市場上都已經被汙名化成這樣，進口商怎麼還會想進？如果利潤差到兩、三成，或許還有業者會想進，但美豬有萊無萊中間價差每公斤差不到一元，根本沒有什麼誘因。

倒是因為開放萊豬進口，使得國產豬肉突然受到高度矚目。某種程度，對形塑本土農產品的認同，是有正向意義的，我也樂見台灣農產品可以朝精緻化、品牌化的方向發展。

回過頭來講萊豬進口的議題，雖說我們已經開放了，但現在的狀況就是「萊豬沒來」或者是「來豬沒萊」。我只能說，若最後真的有廠商願意進口含有萊克多巴胺的豬肉，政府一定會秉持「有來（萊）必追」的態度，做好源頭管理。這麼做的理由，並不是因為「萊豬很危險」，而是因為國人有權利去選擇或拒絕購買這些肉品，我們必須讓國人清楚知道他買到、吃到的是什麼。

萊豬≠毒豬；福食≠核食

除了萊豬，另一個食安大課題則是「福食」（福島食品）。就像是把「萊豬」稱為「毒豬」一樣，把「福食」直接和「核食」畫上等號，也是一種汙名化。

開放「福食」不代表開放「核食」，只有食品中原子塵或放射能汙染容許量超過標準的才是所謂的「核食」。

我要強調的是，就像防疫一樣，不可能追求絕對零風險，食品安全也不存在所謂的絕對零風險，如果要追求絕對零風險，就幾乎沒有東西可以吃了。任何國家對於食品安全的政策，都是訂出一定的安全指標，僅容許在此安全範圍內的食品於市場上流通。

民眾可能不知道，台灣對食品中原子塵或放射能汙染容許量標準，遠比國際標準嚴格太多。以食品中銫含量為例（見下頁表），在乳及乳製品這個品項中，CODEX和歐盟的標準都是每公斤一千貝克，比較嚴的加拿大則是每公斤三百貝克（乳），但台灣的容許量則每公斤僅容許五十貝克；而在其他食品這個品項，CODEX和加拿大的標準是每公斤一千貝克，歐盟則是每公斤一千兩百五十貝克，而台灣的標準也壓低到每公斤僅容許一百貝克，遠遠比國際標準或一些向來很重視食安的國家還要嚴格。

核種	種類	CODEX	加拿大	歐盟	美國	日本	台灣
碘	乳及 乳製品	100	100（乳）	500	170	-	55
	嬰兒食品	100	-	150	170	-	55
	飲料及 包裝水	100	300（飲料） 100（飲用水）	500	170	-	100
	其他食品	100	300	2000	170	-	100
銫 134+137	乳及 乳製品	1000	300（乳）	1000	1200	50	50
	嬰兒食品	1000	-	400	1200	50	50
	飲料及 包裝水	1000	1000（飲料） 100（飲用水）	1000	1200	10	10
	其他食品	1000	1000	1250	1200	100	100

單位：貝克／公斤

有人說，烏克蘭跟俄羅斯的標準好像更嚴格不是嗎？那是因為這些國家都曾發生過核子事故，因此在一段期間內，對於輻射物質的容許量都會降到極低。理由是什麼呢？那是因為民眾經歷核災後，已吸收了太多輻射物質，禁不起再承受更多輻射風險，因此會對食品或飲用水中的輻射物質嚴加控管。

舉例來說，日本在福島核災之後，就嚴格約束食物或飲水中的放射物質含量，而台灣雖然沒有發生過核事故，但是我們的檢驗標準（以銫為例），卻是比照發生過核災的日本一樣嚴格，原因就是我們希望把對國民健康的風險降到最低。

二〇一一年福島核災發生後，政府第一時間就全面禁止福島五縣食品進口，隨後也對來自日本的食品標準加嚴。但福島核災已經過去十一年了，世界各國都陸續放寬或解除相關管制，只剩台灣跟中國仍禁止福島食品輸入。台灣做為國際社會的一分子，未來也有許多方面需要與日本攜手合作，很難用「風險未知」為藉口，繼續把福島食品拒於國門之外。我們真正應該做的，是謹慎的風險把控，而不是全面拒絕。

也有人說，那既然要解禁，為什麼除了碘和銫以外，不多驗一些項目呢？福島核災之後，也經過了詳細的調查，在釋出的核種中，以銫居最大宗，約占百分之八十八，其餘百分之十二則是其他核種。銫不但是占比最高，也是最容易驗出的。至於委員提議要驗的鍶，是占千分之三，檢驗鍶難度高，且曠日廢時，若純從科學的眼光來看，根本無須每一項目都去驗，只要從銫的量就可以推估出其餘核種的量。

在配套措施方面，從「禁止特定地區進口」改為「禁止特定品項進口」；針對具風險品項，並要求提供雙證證明（「輻射證明」與「產地證明」）；福島等五縣食品更是於邊境就逐批檢驗，加上台灣對原子塵或放射能汙染容許量檢驗門檻之嚴，能夠進來的食品，其實都是相當安全的。

台灣的確渴望能夠在國際社會上獲得更高的能見度和迴旋空間，但國家絕對不會以國民的健康做為籌碼，去「交換」國際利益，而是期望在一個公平且風險可控的前提下，為台灣爭取最大的利益。

無論是開放萊豬或是福食解禁，在這過程中，出現的各種質疑，我覺得都是好事，在民主社會中，任何監督的聲音都應該被聽見。只是我希望最後還是能夠回歸理性討論，讓食安歸食安，政治歸政治。

後記

讓我們攜手，打贏這一仗

其實，這本書去年春節後就已經完成，原本預計二〇二一年五月出版，但疫情來得猝不及防，每日忙於防疫，出書的事，當然只能先擱下。

二〇二〇年天下文化邀請我出書，我的想法也很單純，就是為防疫留下一個紀錄，同時也藉此與民眾溝通一些重要政策。

二〇二一年二月完稿時，當時流行的病毒株、重症率與致死率都不低，其他國家因為疫情的緣故，有的封城，有的醫療系統崩潰，但台灣疫情一直都在控制中，雖然偶有零星的個案，但都能在短時間內控制住，這些零星的疫情，也正好能讓民眾維持一定的危機感，不至於太過鬆懈。

在那個時候，整體而言，日子平靜安穩，民眾生活如常。

原本希望這種穩定的狀況能夠持續保持，牢牢守住疫情，直到疫苗陸續到貨，大家按照計畫有序接種，讓國人安然度過這場世紀大疫，從頭到尾盡可能不受波及。

但是，這畢竟是一個「最理想」的狀況，儘管我們非常努力，二〇二一年五月十三日以後，台灣還是發生了社區感染。

從諾富特飯店到台灣北部地區擴大感染，短短一個月內，感染人數呈指數型成長，五月十五日起，雙北提升為三級警戒、全國則維持二級警戒；到五月十九日，則全國提升至三級警戒*。

疫情剛爆發時，每天約近百個本土案例，致檢體量及通報個案突然大幅增加，必須用校正回歸的方式，把延後登錄的個案，依採檢時間追加到之前公布的數據。最多的時候，一天校正回歸高達兩百多例。當時，也引來不少嘲訕，甚至有人認為這是一種數字遊戲。但校正回歸舉世皆然，也確有其必要，而台灣的校正速度算是快的，這樣才能夠正確反映並研判疫情趨勢。

我相信，台灣應該是全球疫情訊息最透明的地方，即便是疫情最嚴重的時候，我們也從未想過要美化或掩蓋。要讓民眾相信政府，就不能對他們有所隱瞞，事情是如何，就應如實揭露，並且清楚告訴民眾我們的因應對策。

但是快速蔓延的疫情，造成社會極大的恐慌，有許多人悲觀認為台灣防疫已經「破功」，再難回頭。

因為台灣過往從未有過如此長時間且大規模的傳染病疫情，這兩年多來COVID-19疫情在全球產生數波感染高峰，台灣卻能因應得宜。我們從SARS疫情後開始不斷累積的經驗與能量，絕對沒有白費。從五月十九日全

＊根據「疫情警戒標準及因應事項」，疫情警戒狀態分為第一、二、三、四級，數字愈高管制措施愈嚴格。

國升三級，我們僅花兩個多月即控制疫情。到了七月二十七日，全國同步調降成二級疫情警戒。

在二〇二一年五月前，我們的本土案例僅八百五十二例，累計總確診兩千零一人，死亡人數六十八人，但在五月大爆發後，到調降為二級，這兩個月內，累積總確診人數猛然增加一萬三千三百八十人，其中增加的有一萬三千兩百四十人是本土案例，死亡人數增加了七百七十一人。這個數字若與其他鄰近國家光是一天就幾萬人確診的狀況相比，仍算是相當低。但台灣相較其他國家，長期處於沒有疫情，在疫情暴起之初，國人一定會擔心台灣恐將步上其他國家後塵，一發不可收拾，於是人心惶惶，民間出現瘋狂搶購物資的現象。我們很清楚，唯有控制住疫情，才能挽回人民的信心。

在大規模感染之後，已經不太可能再去追溯源頭，當務之急就是確實做好匡列，避免疫情繼續擴大。我們過去的精準疫調做得很好，但是在確診人數呈指數型成長時，精準疫調是應付不過來的，這時候就必須應用大數法則來控制疫情。

疫苗的爭議與真相

突然爆發的疫情，讓民眾開始搶打疫苗，全球疫苗供應有限，但當時疫苗的量還不充足，於是衍生出一些亂象。也有人質疑，如果早一點買好疫苗開打，疫情就不會爆發了。但事實上，就算我們完全沒有遭遇到任何障礙，很快就能採購到足量疫苗於三月開打，恐怕還是很難避免五月的疫情。因為打完疫苗後，要產生保護力是需要時間的，即便三月開打，也還來不及產生抗體。

而且，民眾普遍都有一種觀望的心理，沒有疫情時，打疫苗的意願都不高，即使三月時有足夠疫苗，也很難強迫大家接種。

當時確有聲音質疑政府是因為意識型態緣故，刻意在「卡」疫苗，阻擋企業或民間組織採購BNT疫苗。對此，我一定要鄭重予以否認。

在疫情緊張的時候，人命關天，只要有任何可以買到疫苗的機會，政府都很願意與民間合作，努力排除法律障礙讓疫苗進來。後來那一千五百萬劑的

ＢＮＴ疫苗之所以能夠進來台灣，就是民間企業與政府通力合作的結果。疫情若失控，民眾對政府的信心勢必打折扣，能搶到好的疫苗協助台灣穩住陣腳，歡迎都來不及，談何阻擋？但重點是：必須是「真的」有管道可以買到疫苗，當時好些情況根本都還沒有眉目，談何配合？說政府「卡」疫苗，真的是子虛烏有。藉此，也特別感謝企業或民間組織共同協力爭取國際疫苗貨源，讓民眾在短時間內獲得完整之疫苗接種。

因為種種因素，台灣在國際上一直都很難施展，從採購疫苗的困難就可見一斑，這也是為什麼我們必須要發展國產疫苗的重要原因，當發生重大疫情的時候，我們不能一直仰人鼻息，或是在採購疫苗時屢屢被扼住喉嚨，必須要有自己掌握關鍵戰略物資的能力。

一路走來，被部分人士質疑的高端疫苗，真的有這麼差嗎？截至二〇二二年六月二十八日，全球各國研發的疫苗約有一百六十七支進入臨床實驗*，高端是唯二入選為ＷＨＯ團結疫苗試驗（ＳＴＶ）†三期的疫苗之一，能夠雀屏中選，就足以證明高端是ＷＨＯ專家認為相對優秀且有發展潛力的疫苗。打個譬喻來說，如果疫苗研發是一場奧斯卡獎，AZ、莫德納、BNT、嬌生就是上一屆的得獎者，而我們國產的高端，則是這一屆的入圍者，而且得獎呼聲也很高，在目前的一些臨床試驗數據中，高端也確實表現得相當好。這支台灣苦心研發的疫苗，被少數人士冷嘲熱諷成這樣，實在是有一點冤枉。

但我也理解，畢竟疫苗是要注射到身體裡的物質，民眾在現階段存有疑慮，不敢或不願意打高端，也是人之常情，因此我們也提供了AZ、莫德納與BNT等已經經過充分認證的疫苗給國人選擇。我只是衷心希望，國人對於國產疫苗的必要性能夠有更正確的理解，不管這一次「入圍」有沒有辦法「得獎」，這都是我們應該要繼續努力的方向。

＊根據WHO vaccine tracker and landscape資料，截至二〇二二年六月二十八日，全球共有三百六十五款疫苗開發項目，其中有一百六十七項進入臨床試驗階段。

†團結試驗疫苗（Solidarity Trial Vaccines, STV）是WHO主導的疫苗全球三期臨床試驗。由WHO組織的獨立「疫苗優先次序諮詢小組」挑選目前最有潛力的疫苗，共同執行三期臨床試驗，是一項多國多中心、多疫苗、適應性、共享安慰劑、隨機對照的第三期數萬人規模臨床試驗。

做好準備，與病毒共存

在整個防疫團隊的努力與全民積極配合之下，二〇二一年五月爆發的疫情，兩個多月後就落幕了，我們又恢復不受疫情威脅的正常生活。

雖然台灣又打贏了一場抗疫戰，但我也很清楚，我們的挑戰還沒結束。

這場疫情讓全球付出了極大代價，加上 Omicron 變種病毒的殺傷力大幅減弱，西方國家逐漸朝著「與病毒共存」的方向調整，從封閉走向開放，有些國家取消隔離措施，也有國家甚至直接宣布疫情結束，不再篩檢，也不必驗接種證明，恢復正常生活。

這些國家之所以選擇開放，一方面是因為病毒弱化，另一方面，為兼顧經濟，很多國家的染疫率漸高，有統計的可能就已經高達三、四成，若再加上沒有統計到的個案數，比例就更高了。對這些國家來說，實施嚴格的防疫政策或疫調，要消耗的社會成本極高，而且也會排擠掉醫療資源，於是在兩害相權取其輕的考量下，選擇開放。

在染疫力、傳播力快速增加、重症率低，全球正在開放的狀況下，台灣沒有必要，也沒有本錢繼續走邊境嚴管的路線。

過去我們之所以要嚴守邊境，是因為當時 COVID-19 的致死率還相當高，即使痊癒，也可能產生各種後遺症，而且當時沒有疫苗，更沒有藥物，我們必須盡可能控制病毒擴散，爭取更多時間，等待疫苗和藥物被研發出來。

然而，現在的情況跟疫情乍起之時已經不同了，疫苗跟藥物都相繼問世，這個看不見的敵人殺傷力也減弱了，再沿用過去的清零策略，對於台灣長期的各項發展（包含經濟等）是有極大影響的。過去疫情在全球肆虐時，各國都不開放，台灣因為有卓越的資通產業，仍然可以維持競爭力，但是如果各國都陸續開放了，我們卻仍堅持要鎖國，就會嚴重衝擊國家的競爭力。而且，繼續用高強度的防疫策略來防堵低殺傷力、高傳染力的 Omicron，根本也不符合經濟效益。

我們必須在兼顧國家競爭力與社會穩定性的前提下，逐步修正現行的防疫策略。

在這過程中，必然會出現一些挑戰，但這是全面恢復正常生活的必經之路。台灣跟其他國家有一個很大的差別：在別的國家，國民的確診人數占全國人口比例偏高，某種程度來說，民眾對感染司空見慣；但台灣即便經過二〇二一年五月那一波疫情，確診人數仍相對少，台灣民眾是「不習慣」國內有疫情的。但未來如果真的要做到「與病毒共存」，大家恐怕就不能再抱持一定要「加零」的思維，而要有面對開放後必然會出現疫情的心理準備。

當然，政府絕對不會貿然採取「跳崖式」的開放政策，馬上一步到位大敞國門，而是在社會可承受的疫情規模下，漸進式的放寬規定。

這之中要考量的面向很多，每天能開放多少人進來？檢疫的天數要放多少天？相關檢驗怎麼配合？疫調要怎麼做？醫療量能最多可收治多少病人？這些都必須經過科學防疫專業的評估，不能憑感覺而行。

根據二〇二二年三月左右的統計，入境者整體的陽性率大概是百分之二至三，也就是每進來一千人，其中大約有二十五人染疫，在檢疫天數十四天的條件下，幾乎可以攔下百分之百的病例。若檢疫降到十天，可圈住百分之九十九的染疫者；若再降為七天，則可圈住百分之九十六．五，約漏掉百分之三．五，以剛剛說的每進來一千人有二十五人染疫的數據來看，就會放進來一個漏網之魚。

這些「漏網之魚」進來後，當然就會讓疫情再起，當確診數呈指數型成長時，單日確診數破萬甚至上十萬都是有可能的。

當然，面對疫情，我們不是完全手無寸鐵，要降低疫情過於失控的風險，有兩個考量重點，一個是疫苗覆蓋率，另一個則是藥物。

去年年底，我們就已經積極研議接下來要如何讓社會順利過渡到「與病毒共存」的階段。原則上，我們還是希望能夠盡可能把疫情爆發的時間點往後延一點，好爭取到足夠的時間，讓藥物到位、疫苗覆蓋率達到理想，以減少重症的比例，同時也做好分流準備，以免醫療被癱瘓。雖說希望把疫情爆發的時間往後延一些，但我們也不希望爆發得太晚，萬一拖得太晚，其他國家都開放了，我們還在進退維谷，就會影響國家競爭力。

要避免疫情失控，疫苗覆蓋率是重中之重。疫苗可以有效降低死亡率與重症率，防止醫療量能過載崩潰。從國外的經驗來看，有接種過兩劑疫苗的致死率，低於沒有打或只有打一劑的，特別是中高齡者亦有所差異。基本上，疫苗覆蓋率愈高，疫情失控的機率就愈小，所以我們才會這麼積極祭出各項措施，鼓勵民眾一定要把疫苗打好打滿。今年年初，治療藥物也順利進來了，這是第二項武器，有了藥物，就能更有效降低疫情對社會的衝擊，應該是時候要迎向共存了。

將疫情衝擊降至最低

二〇二二年三月七日起，入境居家檢疫天數縮短為十天，逐步朝向與病毒共存之方向研議。台灣二〇二二年四月下旬疫情再起，本土病例大幅增加，接續約於五月底疫情由高峰後進入高原期，每十萬人口確診數雖較多數國家高，但國內醫療量能亦逐漸寬裕，故自五月九日起，我們再度將入境居家檢疫天數縮短為七天。

疫情爆發後，有些國人可能會擔心台灣醫療量能問題，這一點，我們當然也曾沙盤推演過。根據模型，單日最高確診數合理推估可能多達十萬人，但萬一發生難以掌握的狀況，像香港那樣出現暴起的疫情，單日就可能有二十萬人確診，因此，當初我們在預備醫療量能時，是保守估計做最壞打算，以單日萬一破二十萬人為標準去做準備，即使真的不幸發生這種情況，我們的醫療體系也還支撐得住。

幸運的是，台灣並沒有發生最壞的情況，最高單日確診數是五月二十七日的九萬四千餘例，並未突破十萬，到六月以後，疫情就慢慢降溫，目前雖然還沒走完，但最高峰應該已經過了。

先前推估大概要達到百分之十五的人口染疫率，也就是三百五十萬人，疫情就會趨緩。二〇二二年七月初，染疫人口約是三百七十七萬，染疫率大概有百分之十六、十七，若把兩到三倍可能的黑數考慮進來，差不多有三到五成的國民已經染過疫，這意味著台灣社會的自然防疫力已經架構起來。

在疫苗覆蓋率方面，二〇二二年六月底，第一劑有九成以上，接種完第三劑符合間隔人數之統計也有七成多的疫苗涵蓋率，即便是五到十一歲的兒童疫苗接種率（至少接種第一劑），也約百分之七十五，遠超過美國、日本、加拿大等國家，僅次於新加坡。

我們抗病毒藥物儲備量也相當充裕，以最高推估百分之十五的需要用藥的比例計算，約可供六百八十五萬人染疫時也足夠使用，我們的投藥率（確診個案抗病毒藥物的使用率）也做到了世界第一。之前，社會上有少數聲音說台灣的投藥率比美國落後太多，但事實上，美國確診後的投藥率只做到了百分之五．五六，遠低於台灣的百分之八．三四。（該二數據截至二〇二二年六月二十五日）

種種的準備，都是為了讓台灣可以更順利過渡到與病毒共存的階段。

跟日本、紐西蘭、南韓、香港等已經走完一波Omicron疫情的國家／地區相比，台灣疫情發展的曲線雖然不像日本這麼平緩，但也沒有像南韓、香港那樣會有一段突然暴起的陡峭曲線，若疫情突然升溫得太厲害，對醫療量能與社會穩定都會造成強大衝擊，但我們並沒有發生這種情況，整體而言，比較接近紐西蘭、新加坡的發展途徑。

從客觀數據來看，台灣的疫情控制應該還是符合預期的，和主要國家相比，台灣每百萬人死亡數約是兩百七十七人，是死亡率最低的國家之一。

再看超額死亡率*，根據《經濟學人》的統計，台灣每十萬人超額死亡數值是負八（數據更新至二〇二二年六月二十九），是世界第二低。不過，我個人覺得，就超額死亡率這個指標而言，畢竟我們這一波疫情尚未走完，也許尚

---

* 超額死亡指的是：傳染病流行期間，死亡人數較常模（長期趨勢的預期死亡人數）增加的人數。

需觀察，俟此波疫情落幕後再與各國比較，將更為精準。但可以預期的是，我們 COVID-19 累計致死率、每百萬人口死亡數或超額死亡率，未明顯高於其他主要國家。

每一個人都不可或缺

投入公共事務這麼多年，我從未想過自己有一天會在防疫指揮官這個位置上，跟大家肩並肩與這麼難纏的病毒作戰。

當初大家以為可能會像SARS一樣，也許燒個一百天就消失了，沒想到，這一場疫情會鬧騰整整兩年多還沒辦法真正落幕。

擔任指揮官這兩年多來，譽之所至，謗亦隨之，我感受到許多民眾的信賴，但也像箭靶一樣，背了滿身的箭。常有人問我怎麼建立這種心理素質，其實，我只是很單純把防疫這件事，當作我人生中的重要使命來做，能為台灣貢獻一點力量，我深感榮幸，其中經歷的操勞與批評，都是很自然的事，我心甘情願接受。

這兩年多來的戰役之路，點滴在心頭。我很欣慰的是，經過這兩年的打磨與操練，台灣的防疫系統已相當成熟，培養了許多人才，也建立足以因應各種變化的制度與工作模式，即使我個人不再擔任指揮官，我們的專業防疫團隊仍會繼續穩健的守護台灣。

在這本書的尾聲，我想要對這片土地上的人們，說出我內心深深的感謝。

我最先要感謝的是我們全體國人。

對於國人，我心中充滿感謝，也充滿虧欠。在防疫的過程中，對人民的人身自由或是權益，都造成或多或少的限制，甚至妨害。指揮中心每次做出要限縮民眾自由的決定時，我心裡其實都很痛苦。但若不這麼做，付出的社會成本又很驚人。

在這樣的兩難中，幸而台灣擁有願意跟我們站在一起、顧全大局的人民，體諒並配合國家的防疫政策。因為如此，台灣才能在這兩年來的大多數時間裡都平平安安度日。

我也要感謝指揮中心頂著巨大壓力、無怨無悔付出的全體同仁、提供各項建議的專家學者，以及跟指揮中心合作無間的地方疫調、警政、民政人員，還有機場的檢疫人員。無論大家是基於對社會的使命，還是基於公務員的職責，在過去兩年中，只要有任何突發狀況，大家就不眠不休、立刻出動，在黃金時間內將疫情控制住，他們的敬業與責任感，讓我深深感激。

此外，我想特別感謝我們集中檢疫所的同仁。根據統計，截至二〇二二年三月，集中檢疫所一共收住七萬多人，其中有四千五百多人是確診者。這些確診個案有四分之一都是在檢疫過程中診斷的。每天二十四小時，面對從世界各地而來的檢疫者的旅宿需求，以及看不見的病毒，大家應不難想像檢疫所同仁日常工作的風險之高、心理壓力之大，他們都是台灣抗疫過程中的無名英雄。

同樣經常在高風險工作場域中守護台灣的，還有全體優質的醫護人員、藥事人員，從地方藥局、診所、社區醫院乃至於大型醫院，每一層級的醫療人員，無論他們的工作是協助發放口罩，或者是採檢、過濾潛在確診者、施打疫苗，甚至直接照顧確診病患，他們的工作無比重要，若沒有他們，就沒有過去兩年的全境平安。

也要感謝我們的企業、民間團體（台積電、鴻海暨永齡基金會、慈濟基金會），在疫苗採購等面向上，帶來莫大助益，協助建立全民的保護網。

在整個防疫過程中，從中央到地方政府，都給了指揮中心極大的支持。蔡英文總統做為國家領導人，她所承擔的壓力與責任都很大。儘管因為不在第一線上，總統有時會對疫情發展有些擔憂，卻仍完全尊重指揮中心的專業與判斷，給予我們充分的信任，從未對指揮中心強下過指導棋；蘇貞昌院長在經費和部會協調等方面，向來也是力挺到底。

而各地方首長或許來自不同黨派，立場各異，但都願意為了全民福祉，齊心配合指揮中心的政策，盡力做好防疫工作，或許偶爾有一些地方需要溝通與磨合，我也都盡量虛心就教，但整體而言，中央跟地方都合作得相當好，同心守望這片土地。

過去這兩年，我充分看到了台灣社會在危機中展現的韌性與可貴的包容性，一起挺過無數次險象環生的考驗。

疫情這一仗，到現在還不算打完，但已經可以看到曙光。儘管未來要「與病毒共存」的挑戰並不容易，但國人一定要有信心，我們同島一命，每個人的力量都不可或缺，只要我們攜手，一定能打贏這場仗。

國家圖書館出版品預行編目（CIP）資料

溫暖的魄力：陳時中的從醫初心／陳時中著；李翠卿採訪整理. -- 第一版. -- 臺北市：遠見天下文化, 2022.07
面；　公分. --（社會人文；BGB503）
ISBN 978-986-525-047-8（平裝）

1. 陳時中　2. 臺灣傳記

783.3886　　110001405

社會人文 BGB503

溫暖的魄力

陳時中的從醫初心

作者 — 陳時中
採訪整理 — 李翠卿

總編輯 — 吳佩穎
主編暨責任編輯 — 陳怡琳
校對 — 魏秋綢、詹宜蓁
封面設計 — BIANCO TSAI
封面攝影 — 張智傑
內頁排版 — 張靜怡、楊仕堯

出版者 — 遠見天下文化出版股份有限公司
創辦人 — 高希均、王力行
遠見・天下文化・事業群 董事長 — 高希均
事業群發行人／CEO — 王力行
天下文化社長 — 林天來
天下文化總經理 — 林芳燕
國際事務開發部兼版權中心總監 — 潘欣
法律顧問 — 理律法律事務所陳長文律師
著作權顧問 — 魏啟翔律師
地址 — 台北市 104 松江路 93 巷 1 號 2 樓

讀者服務專線 — (02) 2662-0012 ｜傳真 — (02) 2662-0007；(02) 2662-0009
電子郵件信箱 — cwpc@cwgv.com.tw
直接郵撥帳號 — 1326703-6 號　遠見天下文化出版股份有限公司

製版廠 — 中原造像股份有限公司
印刷廠 — 中原造像股份有限公司
裝訂廠 — 中原造像股份有限公司
登記證 — 局版台業字第 2517 號
總經銷 — 大和書報圖書股份有限公司 電話／(02) 8990-2588
出版日期 — 2022 年 7 月 17 日第一版第 1 次印行

定價 — NT 450 元
ISBN — 978-986-525-047-8
EISBN — 9789865251390 (EPUB)；9789865251413 (PDF)
書號 — BGB503
天下文化官網 — bookzone.cwgv.com.tw

天下文化
BELIEVE IN READING